Inneres Beten

4. Auflage Dezember 2010

Max-Braun-Str. 2, 97828 Marktheidenfeld
Tel. 09391/504-135, Fax 09391/504-133
www.gabriele-verlag.de

Druck: Druckerei Santec, Marktheidenfeld

ISBN 978-3-89201-325-9

Inneres Beten

Herzensgebet
Seelengebet
Äthergebet
Heilgebet

Gabriele

Gabriele-Verlag
Das Wort

Gabriele – Gott nennt sie
Seine Prophetin und Botschafterin

Wahre Beter finden zu dem
Herzensgrund, Gott. Im Urgrund allen Seins
vereinen sie sich mit allen Menschen und
Wesen. Vereint mit Gott und allem Sein
gehen sie in die Welt,
um die Botschaft der Liebe
allen Wahrheitssuchern zu verkünden,
damit alle Menschen und Wesen
zur Wahrheit finden, zu dem Herzensgrund,
GOTT.

Mögen alle Menschen und Wesen
dieser Einheit, dem universellen Leben,
bewusst näherkommen.

Inhalt

Bete in Dir
und
durchglühe jedes Wort,
indem Du ganz gefasst
und ausgerichtet
auf das Innere Licht,
auf Gott, bist.

Wie gelange ich zum rechten Beten?

Immer mehr Menschen, gerade auch die der jüngeren Generation, suchen und fragen nach dem Sinn des Lebens. Sie suchen nach einem sinnerfüllten Dasein und können es nur schwer finden. Viele sind des Wohlstandslebens überdrüssig, es vermag sie nicht mehr zufriedenzustellen. Sie leiden unter der materiellen Fülle, unter dem Drängen und Druck des Sein- und Habenwollens. Angesichts mancher bedrohlicher Entwicklungen und besorgniserregender Zuspitzungen spüren sie zunehmend die Gefährdung aller Lebensbedingungen.

So sind viele unserer Mitgeschwister auf Suche nach der Wahrheit. Ihre innere Unruhe, ihr Suchen und Streben wurzelt tief: Die Seele, die nicht von dieser Welt ist, ahnt ihre ewige Heimat, wo Geborgenheit und

Sicherheit sind; sie ahnt die Verbindung zu himmlischen Wesen, unter denen Glück, Zufriedenheit, Harmonie und Liebe herrschen. Dem Menschen unbewusst, sehnt sich die suchende Seele auch nach der Dualeinheit, nach ihrem Dualpartner, der eventuell fern von dieser Erde lebt, in den lichten Bereichen der ewigen Heimat. Seele und Mensch sind unentwegt auf Wanderschaft. Unentwegt strebt der Wanderer neue Ziele an, die Erfüllung verheißen. Sind sie erreicht, ist jedoch die Rast kurz; Erfüllung und Befriedigung sind nur von geringer Dauer. Nirgendwo finden Seele und Mensch tiefe Geborgenheit, nirgendwo das bleibende Zuhause.

Die erwachte Seele fühlt, dass sie nur auf Wanderschaft ist. Sie fühlt und ahnt Höheres. Das drängende Ahnen und Sehnen der Seele erweckt ihren Menschen. Der zu Geistigkeit erwachende Mensch beginnt, Höheres, Edleres und Vollkommeneres zu suchen. Das Streben der Seele, die ihrem Ursprung zustrebt, teilt sich ihrem Menschen mit; es dringt in ihn und steigt in ihm empor wie die belebenden Säfte im Baum, wenn der Frühling naht.

Die erwachte Seele hört schon den rufenden Geist. Fürsorglich und liebevoll ermuntert Er sie, wie die Vogelmutter ihr Junges zu bewegen sucht, das Nest zu verlassen, um es das Fliegen zu lehren. „Komm", so lockt sie, „komm und gebrauche deine Flügel! Schwinge dich hinein in das Element, das dein Leben ist! Erfahre die Freiheit und die Weite, die dein Zuhause sind!" So ruft und ermutigt auch der Geist die erwachte Seele, höherzuschreiten, hineinzuwandern zu dem ewigen Leben, das ihr eigen ist.

Zwar spürt der Mensch das sehnsuchtsvolle Drängen seiner Seele. Der Ruf des

Geistes: Komm, folge Mir nach! Schwingt in sein Bewusstsein mehr und mehr hinein. Jedoch vermag das Licht des Inneren den Dunstschleier des Menschlich-Diesseitigen noch nicht ganz zu durchdringen; die Urmelodie des Lebens vermag sich gegenüber dem lauten Getöse des Weltlichen noch nicht durchzusetzen; der Verstand überlagert noch die geistige Empfindung, die leise Stimme der ewigen Wahrheit.

Hierhin und dorthin wendet sich der Mensch, um zu finden, was sein Herz so unruhig sucht, und muss erkennen, dass er es im Äußeren nicht finden kann. Doch wo ist Raum für ein geistiges Leben in der Gedrängtheit, in der Hetze und Rastlosigkeit unserer schnelllebigen Zeit?

Besitz, Geltung und Genuss sind die Maßstäbe der Wohlstandsgesellschaft. Sie prägen das Denken und Handeln des heutigen Menschen. Da eine solche Ausrichtung in

Gegensatz steht zum Geistigen, meinen viele, dass dem in der Welt Stehenden das geistige Leben verschlossen sei.

Durch unseren Beruf und gesellschaftliche Verwobenheiten sind wir alle mit dem weltlichen Leben verbunden. Dieses äußere Leben beansprucht und belastet uns mehr denn je. Der Mensch vermag sich daraus nicht zu lösen. Die Technik bietet ihm vielfältige und immer neue Möglichkeiten: Sinnesreize und Geräusche, Faszinationen und Zerstreuungen mancherlei Art, die das Fassungsvermögen des Einzelnen oftmals übersteigen. Die Ruhe und Verinnerlichung, nach denen die Seele ruft, kommen vielen daher wie eine Utopie vor, für deren Verwirklichung unsere unruhige Welt keinen Spielraum lässt.

Dies scheint jedoch nur dem so, der glaubt, um Ruhe zu erlangen, müsse man sich von dem lauten Getriebe, von der Gesellschaft und vom Beruf zurückziehen. Zwar hat das Getriebe des Weltlichen viele in den Bann gezogen und hält sie gefangen. Zwar ist der Weltmensch gebunden durch das, dem sein Sinnen und Trachten gilt; dies ist heute so, wie es zu allen Zeiten war.

Aber die Erneuerung des Menschen von innen, durch eine Rückbesinnung auf die in ihm ruhenden Kräfte, ist heute genauso möglich, wie dies schon zu allen Zeiten möglich war.

Wir müssen uns nicht zurückziehen vom Alltagsleben, vom Beruf, von der Gesellschaft, um in uns die Ruhe zu finden. Wir müssen nur erkennen, worauf es ankommt:

In dieser Welt zu leben, aber nicht *mit* dieser Welt zu sein.

Es kommt darauf an, von welchen Kräften wir uns bestimmen lassen. Es kommt darauf an, welchen Kräften wir die Vorherrschaft über uns und unser Leben einräumen. Richten wir uns aus auf die Welt, das Materielle, so wird die Welt, alles Äußere, auf uns Einfluss nehmen. Dann sind wir Kinder der Welt und haben Anteil an all dem, was der äußeren Welt eigen ist. Obwohl die geistige Wirklichkeit ebenso gegenwärtig ist, kann sie uns nicht wirksam stützen, beflügeln und leiten, denn wir haben nicht ihr uns zugewandt, uns nicht bewusst an sie angeschlossen, nicht ihr die Hand gereicht.

Wenden wir uns dem Geistigen zu, so verliert die äußere Welt mit ihren Erscheinungsformen an Einfluss. Obwohl sie nach wie vor da ist, kann sie nicht mehr die Macht über uns ausüben, da wir dem Göttlichen in uns die Hand gereicht haben. Von Ihm werden wir nun bewusst gespeist, geleitet und bestimmt. In Ihm dürfen wir nun ruhen.

Haben wir im geistigen Leben, das in uns ist, Fuß gefasst, so ist das ewige Sein der sichere Boden, auf dem wir stehen. Wir sind mit unseren Wurzeln in diesem Boden sicher verankert und können, vertrauend auf die Kräfte, die uns aus ihm zuströmen, hinauswachsen in das äußere Leben in Wort und Tat. Der Sturm der Zeit kann uns zwar zausen, uns aber letztlich nichts anhaben, da wir aus den Urgründen ewigen Seins Kraft und Widerstandsfähigkeit erhalten. So dürfen wir im Geistigen ruhen und gleichzeitig unsere Aufgaben in der Welt erfüllen.

Die fortschreitende geistige Unwissenheit des Menschen hat es mit sich gebracht, dass viele denken, das Materielle und das Geistige, das Religiöse, seien zwei voneinander weit entfernte Bereiche. In Wahrheit bestehen die grobstofflichen, die materiellen Seinsbereiche hier auf Erden eng verbunden mit den feinstofflich-geistigen. Es sind Schwingungsebenen, die nebeneinander und gleichzeitig vorhanden sind. Sie durchdringen einander: Ungeachtet ihrer andersartigen Frequenzen schließt das Vorhandensein der einen Realität nicht das der anderen aus – ähnlich, wie in einem Raum zugleich Licht und auch Schall sein kann.

Deshalb können wir sehr wohl in dieser Welt leben, ohne jedoch mit dieser Welt zu sein. Wir müssen uns nur dazu entschließen, der inneren Realität allen Seins, dem Göttlichen, den Vorrang einzuräumen. Wer nicht mit dieser Welt ist, nur in dieser Welt lebt, der wird Höheres und Edleres über das Niedere, über den Materialismus, stellen und so zu der inneren Ruhe finden. Wer aber in dieser Welt lebt und sich auch auf diese Welt ausrichtet, also mit dieser Welt ist, dessen Herz wird nicht erfüllt sein vom inneren Frieden, denn diese Welt kennt den Frieden nicht, der aus der tiefen Quelle göttlicher Kraft strömt.

Die Verbindung von der materiellen zu der geistigen Seinsebene wird durch Hinwendung geschaffen. Ein ununterbrochener Strom der Kraft fließt, wenn wir uns den Kräften des ewigen Lebens zuwenden, denn Gott, unser Vater, verschließt Seine Quelle der Urkraft nie vor uns.

Beten ist Hinwendung. Wer betet, schließt den Kreislauf des Lebens. Wer täglich richtig betet, von Herzen betet, der wird auch im größten Getöse den inneren Frieden wahren.

Viel geistiges Wissen ist in dieser Welt, doch wenig Verwirklichung und noch weniger Erfülltsein des Herzens und der Seele!

Der Wissende erkennt, dass in unserer Zeit die Urkräfte des Lebens verstärkt in die Seelen der Menschen einstrahlen, um sie zur Geistigkeit zu erwecken. So erwacht in manchen Menschen die Erkenntnis von der Kraftlosigkeit und Instabilität äußerer Werte, äußeren Seins. Es befriedigt viele nicht mehr, zu besitzen und etwas darzustellen. Das Brot des Äußeren, des Materiellen, sättigt viele nicht mehr, und sie erkennen: Die äußeren Werte zerstreuen nur, doch bieten sie keinen Lebensinhalt. Sie erweisen sich oft genug als hohl, schal und flüchtig. Sie lassen das Herz verarmen und bringen keine Stille und auch keinen Frieden.

Wo können Seele und Mensch das Brot des Lebens finden? Wo immer wir auch suchen, bei Freunden, an diesem oder an jenem Ort, bei äußeren Festlichkeiten und Zusammenkünften, wir finden es nicht, wenn nicht in uns, in unserem Inneren. Viele sind getrieben, weil die erwachte Seele sie treibt, doch immer noch suchen sie, wo sie nicht finden können, und betäuben sich in dieser Welt. Sie vermögen nicht wahrzunehmen, was ihnen doch so nahe ist! Und hören sie davon, so führt es sie doch oftmals nicht weiter, da der Intellekt, der auf die materielle Realität ausgerichtete Verstand, noch ablehnt und verwirft.

Doch die Kräfte aus hochschwingenden kosmischen Bereichen sind unermüdlich bestrebt, zu erwecken und zu beleben. Ihr Wirken auf unserem Planeten ist allerorten zu erkennen und in mancherlei Erscheinungsformen, denn der Geist Gottes wirkt vielfältig, um gerade in dieser Zeit noch viele dem Bewusstsein ihres geistigen Ursprungs näherzubringen, das den Weg zum universellen Leben eröffnet. Jeder von uns wird so geführt, dass er mehrere Male in seinem Erdenleben die Gelegenheit erhält zu erkennen, was nottut: zu erkennen, dass er dem ewigen, geistigen Sein angehört und dass es gilt, diesen Ursprung in sich selbst wieder zu suchen und zu entfalten.

Der Tag, an dem der Mensch erkennt, wer er in Wahrheit ist, der Tag, an dem er zu sich selbst findet, ist von entscheidender Bedeutung für sein Leben, jenes Leben, das mit dem Abschluss dieser Erdenwanderung nicht endet. Es ist der Tag der bewussten Hinwendung zum ewigen, geistigen Leben. Der Mensch wird sich bewusst, dass nur in ihm, in seinem Inneren, die Ruhe, die Zufriedenheit, die Kräfte unendlicher Fülle wirksam sind, die er erschließen darf durch die göttliche All-Liebe.

In jede Seele hat unser Vater, der ewige Geist, alles gelegt, was Er, das Leben, an Kraft und Fülle hervorbrachte und ohne Unterlass hervorbringt. Diese Fülle geistiger Kraft schlummert mehr oder weniger in uns. Sie möchte von uns selbst erweckt werden. Doch wollen wir den inneren Frieden und tiefe Stille erlangen, müssen wir uns erst unserer geistigen Herkunft bewusst werden, denn jeder Mensch ist ein Kind des Allerhöchsten, und zum reinen Wesen, zum bewussten Sohn und zur bewussten Tochter des urewigen Lebens, soll er wieder werden.

Rechtes Beten führt uns heim zu unserem Ursprung, heim in das Reich des ewigen Lichtes, wo Glück, Friede, Harmonie und Seligkeit auf uns warten. Beten ist der Brückenschlag in die Realität des Geistes, in das Leben, das uns frei macht.

So liegt im Beten unermessliche Kraft, da es uns verbindet mit der Kraftquelle des Lebens, mit der Allmacht der Unendlichkeit, mit Gott, unserem Vater.

Gott ist die Liebe. Im Gebet erfasst uns verstärkt der ewige Kraftstrom der göttlichen Liebe, der uns emporzutragen vermag zu dem liebevollen Bewusstsein geistigen Lebens, bis zum Herzen unseres urewigen Vaters.

Rechtes Beten aber muss erlernt werden.

Die Lippengebete sind es nicht, die uns in das gelobte Land Inneren Lebens führen. Ohne Empfindung gesprochene Worte öffnen nicht die Schleusen des Inneren, die den Strom der ewigen Liebe zum Fließen bringen. Nicht auf den Wortlaut, nicht auf die Länge oder auf sonstige äußere Merkmale des Gebetes kommt es an. Nur im Wort, im Buchstaben, im Klang allein liegt nicht die Kraft.

Rechtes Beten gestaltet sich von innen heraus. Es entströmt der Seele und dem Herzen. Im rechten Gebet spricht das Kind seinen Vater im eigenen Inneren an, das heißt: es spricht hinein zu seinem Innengott, bis es die Schleusen geöffnet hat, durch die sodann Seele und Herz beten.

Wie aber gelange ich zum rechten Beten, zum göttlichen Bewusstsein, das beständig an das Herz des Menschen pocht und ihm die innere Fülle, die wahre Herkunft offenbaren möchte? Wie gelange ich zu der ewigen Realität, zu dem Leben, das mich frei macht?

Wer sucht, der findet. Wir können jedoch die göttliche Wirklichkeit, den wahren Frieden und die ersehnte Stille nicht außerhalb unseres Bewusstseins finden, nicht in dieser Welt.

Um diesen ersehnten Frieden, die Geborgenheit und Festigkeit zu finden, müssen wir zuerst zu uns selbst finden. Wir sollten glauben, d.h. als Wahrheit annehmen und uns darin bestärken, dass wir nicht Wesen von dieser Welt sind, sondern Wesen, die himmelwärts wandern zum Reiche des Friedens.

Jesus von Nazareth sagte: „Das Reich Gottes ist inwendig in euch." Um also den Frieden, die Liebe zu finden, müssen wir in unser Inneres hineinwandern, denn nur das Reich des Inneren, unsere ewige Heimat, unser Ursprungsland, kann uns wieder diesen Frieden und diese Stille geben. Zu uns selbst finden heißt: Erkenne dich selbst!

So schlicht und einfach dieser Satz anmutet, so anspruchsvoll wird er für den, der sich daran macht, ihn zu verwirklichen. Denn: Fast ein jeder von uns betrachtet die Umwelt und auch seine Mitmenschen aus den Fenstern seines Ichs. Er schaut, begutachtet, wertet und beurteilt ganz nach dem Maßstab seiner eigenen Art. Da gibt es vieles und gar manchen, das oder der uns missfällt, und wir denken und reden entsprechend darüber.

Zu uns selbst finden heißt, nicht mehr negativ über unseren Nächsten zu denken. Wir sollen auch nicht über ihn reden, wie er gekleidet ist, was er für Mängel hat, wie groß sein Besitz ist, was er tut und was er spricht. Wir sollten auf uns selbst blicken und unsere eigenen Fehler und Schwächen erkennen, denn was wir an unserem Nächsten bemängeln, das liegt noch in uns selbst.

Diese Tatsache, dass in uns selbst eine Entsprechung vorliegt zu dem, was uns am anderen missfällt, ist eine fundamentale Wahrheit auf dem Weg der Selbsterkenntnis. Es fällt uns zunächst nicht leicht, diese Gegebenheiten anzunehmen.

Dennoch ist es so, und es bestätigt sich uns bald auf Schritt und Tritt: Was wir aus unserem eigenen Inneren hinaussenden, das entdecken wir dann außerhalb von uns. So hat jeder seine Welt, ganz nach seiner Art. Und aus dem, was auf ihn zurückströmt, kann er leicht und sicher erkennen, was er zuvor ausgesandt hat.

Würden wir nur Liebe aussenden, wären wir also durchdrungen von göttlicher Liebe, so käme nur Liebe zum Ausdruck. Beschäftigen wir uns jedoch mit unserem Nächsten, mit dem, was uns an ihm missfällt, was er denkt und tut, wie er gekleidet ist, dann können wir daraus den Schluss ziehen, dass Ähnliches in uns selbst vorliegt. Denn: Wären wir von der Liebe Gottes durchdrungen, so würden wir nur Selbstlosigkeit und Liebe ausströmen. Sind aber in uns selbst noch Neid, Hass, Ichbezogenheit, so wird jeweils das von uns ausströmen, was noch in uns ist.

Meist projizieren wir es auf unseren Nächsten und glauben, es wäre unser Nachbar, unser Arbeitskollege, unser Nächster, der mit diesem oder jenem Übel behaftet ist.

In Wirklichkeit aber sind wir selbst das, was wir unserem Nächsten zusprechen wollen. Deshalb sollten wir auf uns selbst blicken, unsere eigenen Fehler und Schwächen erkennen, um tiefer zu unserem ewigen Sein vorzudringen, das unser wahres Leben ist.

Ich darf wiederholen. Das Gesetz der Entsprechung lautet: Solange uns an unserem Nächsten etwas missfällt, prägt dies auch noch unser Wesen, ist es noch in uns selbst vorhanden.

Nur durch ein diszipliniertes Leben, indem wir uns konsequent auf die göttlichen Gebote und damit auf Gott, den Geist unseres Inneren, einstimmen, erlangen sowohl unsere Seele als auch jede Zelle unseres Leibes Frieden und Harmonie, die Festigung im Bewusstsein Gottes.

Ist es uns möglich, durch rechtes Beten und Meditation immer mehr nach innen zu dem Reich des Friedens zu finden, zu unserem Ursprungsland, dann werden wir von der ewigen Kraft in uns durchstrahlt, geführt und mit dem Lebensquell göttlichen Friedens gespeist und getränkt werden.

Schöpfen wir sodann immer mehr Vertrauen zum Urgrund unseres Seins, zu Gott, dann werden wir frei von unserer menschlichen Begrenzung durch intellektuelles Denken, Fühlen und Wollen. Dann werden wir friedvoll, harmonisch und glücklich von innen heraus.

Um zum Ursprung der Quelle zu finden, bedarf es des Kampfes mit uns selbst. Wir müssen ablegen, was uns hindert, dorthin zu finden, wo Frieden und Harmonie sind, wo Glück und Geborgenheit unser ganzes Wesen durchströmen.

Wenn wir den Frieden finden wollen, so sollten wir uns nicht in die Ruhelosigkeit und Geschäftigkeit dieser Welt hineinstürzen. So oft es uns möglich ist, sollten wir uns von allem Lauten, von allen Geräuschen dieser Welt, zurückziehen.

Ist es uns möglich, ein stilles Zimmer einzurichten, wo wir nur beten und meditieren, wo wir Zwiesprache mit dem Göttlichen halten, so wird dieser Raum ein Tempel göttlicher Harmonie werden. Auch das Wandern durch einen stillen Tannenwald schenkt uns die beglückende Ruhe, um noch tiefer in das Reich ewigen Friedens vorzudringen. Die Natur schenkt dem bewussten Wanderer so viel Kraft und Liebe, denn wer sich nach Gott, nach Seiner Stille und Seinem Frieden sehnt, dem dient die Natur; sie schenkt ihm Kräfte über Kräfte. Nehmen wir die Natur allein mit unseren äußeren Sinnen wahr, so enthüllt sie uns nur ihr äußeres Erscheinungsbild: die Gräser, Blumen und größere Gewächse scheinen zu schweigen, nur das Vogelgezwitscher zeigt uns an, dass Leben auf den Bäumen ist.

In Wirklichkeit aber singt jeder Grashalm, jedes Blatt, jede Nadel einer Tanne das Lied der inneren Kraft. Setzen wir uns abseits vom irdischen Treiben auf eine Bank oder auf einen Stein und lassen wir die Stille des Waldes, die Stille unserer Umgebung in uns einwirken, dann kommunizieren wir mit den harmonischen und harmonisierenden Kräften der Natur.

Wer diese Übung des öfteren macht, dem wird sich enthüllen, dass rechtes Beten äußerliches Schweigen ist. Wenn alle negativen Gedanken zur Ruhe gekommen sind, wenn unser Inneres emporschwingt zum Urquell des Lebens, dann vollzieht sich rechtes Beten. Dann ist das Beten nicht mehr ein Denken, sondern das Empfinden der Allkraft in uns, um uns und in allem Sein.

In Gott Ruhe zu finden, bedeutet, Ihm schweigend zu begegnen, in uns und in allem Sein.

Gott ist die Stille.

Von Jesus ist berichtet, dass Er sich in die Stille der Natur zurückzog, um mit Seinem

Vater zu sprechen. Er empfahl solches auch Seinen Freunden und uns allen. Er riet ihnen und uns, ein stilles Kämmerlein aufzusuchen, um dort mit dem Allmächtigen Zwiesprache zu halten. Echte Zwiesprache mit Gott ist tiefes, bewusstes, stilles, selbstloses Beten.

Folgen wir also Seinen Anweisungen und ziehen wir uns zum Gebet in einen ungestörten Raum oder in einen ungestörten Winkel zurück, wo das Lärmen der Welt, die harte, grobe Schwingung des überlauten irdischen Lebens schweigt.

Wir sollten uns aber nicht von den mönchischen Gepflogenheiten täuschen lassen, denen zufolge viele glauben, wir müssten die Flucht in ein Kloster, in eine Zelle nehmen, um in die innere Stille zu finden. Dies wäre nur eine Flucht vor uns selbst. Und nicht die Flucht vor uns selbst ist es, die uns zu Gott führt, sondern die Rückkehr zu uns selbst, in die Zelle unseres Herzens.

Wie finden wir in diese äußere und innere Stille? Wir müssen zuerst rechtes Schweigen lernen, um in einen ruhigen, harmonischen Körperrhythmus zu gelangen. Schweigen bedeutet nicht, einfach nur den Mund zu verschließen, die Gedanken nicht auszusprechen, sie jedoch in uns zu belassen und zu bewegen. Ein solches Schweigen wäre ein äußeres Schweigen und brächte uns nicht in die Stille.

Rechtes Schweigen bedeutet, unsere Gedanken an äußere Dinge und an Menschen loszulassen, Gedanken an Besitz, an Geldgeschäfte, an Begegnungen mit dem Chef und den uns nicht angenehmen Kollegen. Rechtes Schweigen bedeutet, uns zu entleeren von allem Nichtigen, von all dem, was uns immer und immer wieder beschäftigt, was letzten Endes unser niederes Ich, unsere niedere Natur, ist.

Lernen wir, unser Denken und Reden zu kontrollieren und das Unwesentliche vom Wesentlichen zu unterscheiden, dann gelingt es uns auch, in die rechte Stille zu kommen, in die Gedankenleere, die wir benötigen, auf dass der Geist uns mit Seinen Kräften, mit Seiner Liebe und Weisheit füllen kann.

Wie gelangen wir zum rechten Beten, zum immerwährenden Gottgedanken, zu der Stille, in die Gott, die Stille selbst, einspricht?

Wir sammeln immer wieder unsere Gedanken, die wir dann Gott übergeben, um stille zu werden. In dieser Sammlung unserer Gedanken und in der Übergabe unseres Menschen üben wir uns in der rechten Konzentration.

Um zum wahren, tiefen Gebet zu finden, bedarf es nicht der vielfach noch üblichen Gepflogenheiten und Zeremonien des Betens. Wir brauchen nicht die Hände zu falten oder zusammenzulegen oder gar niederzuknien. Wir müssen nicht zum Beten an äußere, hierfür besonders vorgesehene Orte, wie z.B. Kirchen, gehen. Wir müssen auch nicht Gebete auswendig lernen, nachsprechen oder ablesen. Wir müssen zum Gebet werden; es sollte in uns beten. Dahergesprochene Worte allein erreichen Gott nicht.

Was das Gebet ausmacht, sind nicht die Worte der menschlichen Sprache, sind nicht schöngeformte, überlegte Sätze, sondern rechtes Beten sind die Empfindungen, die Schwingungen unserer Seele und unseres Herzens. Schlichte oder auch unbeholfene Worte sagen oft mehr als ein intellektuelles Gebet, dessen Sätze gedrechselt sind. Gott vernimmt allein die Sehnsucht unseres Herzens, das tiefe Nachklingen unserer Seele.

Auch besondere Gebetsstunden brauchen wir nicht einzuhalten, denn Gott ist immer und überall allgegenwärtig. Er ist jeden Augenblick bereit, die Seelen- und Herzenssprache Seiner Kinder anzunehmen. Er, der Allmächtige, nimmt unsere Herzensimpulse wahr, und gemäß unserer Hinwendung an Ihn segnet und kräftig Er uns.

Rechtes Beten ist die beständige Gottnähe in Empfindungen und Gedanken. Das ist das Gebet der Tiefe, das nicht gesprochen, sondern nur empfunden wird, das heißt: wir empfinden Gott in uns, um uns und in allem Sein.

Wollen wir richtig beten lernen, dann bedarf es in der ersten Zeit noch so mancher Übung, um stille zu werden. In der ersten Zeit des Betenlernens sollten wir daher einen ruhigen Ort aufsuchen, an dem wir ungestört sind, am besten morgens vor dem Frühstück. Durch leichte Körper- oder Lockerungsübungen, die von einer harmonischen Musik begleitet und unterstützt werden können, stimmen wir sowohl unser Äußeres, unseren Körper, als auch unser Inneres, die Seele, ein. Dann versuchen wir, uns an dem ruhigen, ungestörten Ort zu konzentrieren.

Folgende Haltung hilft uns zu größter körperlicher Entspannung und innerer Sammlung:

Wir setzen uns auf einen Stuhl mit einer aufrechten Lehne. Der Oberkörper ruht aufrecht auf dem Steißbein. Beide Füße stehen auf dem Boden. Die Augen sind geschlossen. Die Hände legen wir ineinander.

Die linke Hand ruht unter dem Rücken der rechten Hand; beide Handflächen drehen wir unserem Körper zu. So erlangen wir eine geistige Einhüllung, in der der geistige Kreislauf geschlossen ist: Fingerspitzen wie auch Handflächen strahlen nicht nach außen in unsere Umgebung ab, sondern die Energie strömt wieder zurück zu dem Bewusstseinszentrum, das sich im Beckenraum befindet. In dieser Handlung verweilen wir einige Zeit still und übergeben dem ewigen Geist unsere immer wiederkehrenden Gedanken.

Um uns von dieser Gedankenflut zu lösen, die uns immer wieder zu übermannen scheint, können wir auch eine sogenannte Bewusstseinsstüze anwenden, die eine hohe Schwingung hat und uns stiller werden lässt, damit wir tiefer in unser Inneres finden. Wir sprechen z.B.: „Christus in mir! Christus, werde Du zu meinem Leben.“ Oder: „Harmonie und Frieden ziehen in mich ein. Ich bin harmonisch und friedvoll."

Die beschriebene Körperhaltung nehmen wir zunächst immer bewusst ein, bis daraus eine für uns natürliche, harmonische Gebetshaltung geworden ist.

Wir versuchen, im Gebet von außen nach innen vorzudringen, und öffnen so die Schleusen für wahres, Inneres Beten. Wir lassen nun unsere Dank- und Bittgebete nach innen zu unserem geistigen Bewusstsein fließen. Wir denken noch das Gebet in uns hinein.

Dieses Gebet ist teilweise noch von unserem Verstand gesteuert und strömt, wie gesagt, von außen, von unserem Menschen, von unseren Gehirnzellen her, in unser inneres Bewusstsein. Dabei berühren unsere Gebetsgedanken das Ober- und Unterbewusstsein. Sie nehmen vieles mit zum Göttlichen hinein, in das Reich des Inneren, wo wir unsere Anliegen vortragen. Die ewige Kraft, die im Innersten unserer Seele wirkt, wandelt sodann vieles um, das wir bewusst oder unbewusst auf den Altar göttlicher Liebe legen.

Zu Beginn rechten Betens benötigen wir noch einen Halt und als Hilfe eine Vorstellung, wohin wir unsere Gebete lenken und senden. So stellen wir uns in unserer Brust, in der Nähe des vierten Bewusstseinszentrums, den Altar Gottes vor. Auf diesen inneren Altar der Liebe und Barmherzigkeit legen wir unsere Dank- und Bittgebete, die Ströme des Ober- und Unterbewussten.

Weiter können wir uns vorstellen, dass aus der Bewusstseinsregion der Ordnung, die sich im Beckenraum befindet, die heilige Flamme Gottes, die Heilsflamme des Lebens, emporzüngelt, unsere Gebetsgedanken berührt, sie umwandelt in heilige und positive

Energien und sie dorthin lenkt, wo sie Einlass finden und wirken können.

Unsere noch vom Verstand her gesprochenen Gebete, die wir nach innen senden, bewegen sich meist nur um unsere eigenen Belange. Erst wenn wir im Gebet tiefer finden, wird es uns bewusst, dass die gesamte Fülle der Unendlichkeit in uns ist und in uns zur Wirkung kommen möchte. Wenn uns sodann bewusst ist, dass wir selbst alles besitzen, was wir durch rechtes Beten, durch ein gottgewolltes Leben erschließen können, werden wir nicht mehr bitten, sondern nur noch danken.

Jesus sagte: „Bittet, und es wird euch gegeben." In diesen Worten erkennen wir, dass Er zu Menschen sprach, die sich auf der Stufe der Ordnung befanden, die die Fülle des Lebens wohl in sich trugen, doch noch nicht erschlossen hatten.

Das Hineinbeten zum Gottesgeist, zu dem Geist des Inneren, bewirkt im Laufe unseres Lebens die Vereinigung mit dem Gottesgeist, denn rechtes Beten ist gleich rechtes Leben. Was wir tun, tun wir im Bewusstsein Gottes; das ist die Nähe Gottes, das ist der Strom, der uns führt und beseelt.

Haben wir in diesem Gebet nach innen zu Gott, unserem inneren Bewusstsein, gefunden – denn der Geist Gottes wohnt in uns –, dann ist es uns auch im Laufe unserer geistigen Übungen möglich, von innen heraus Gott zu danken, zu loben und zu preisen.

Dann werden auch unsere Gebete selbstloser, und das geistige Bewusstsein zeigt uns: Das, worum wir bitten, liegt in Wirklichkeit bereits in uns und ist schon in uns vollzogen. Gott ist in allem. Er kennt unsere Wünsche, schon bevor wir sie Ihm dargebracht haben. Dennoch dürfen wir bitten, um unser Inneres zu erschließen, die Fülle, die durch uns wirksam werden möchte.

Das Hineinbeten zu Gott, dem heiligen Bewusstsein, ist gleichsam eine Meditation der Stille. Wenn wir beten, so sollten wir langsam und bewusst beten. Ein krampfhaftes Beten, um etwas zu erreichen oder in der Erwartung besonderer Ergebnisse, ist ein fruchtloses Gebet.

Wir sollten die Gebetsgedanken langsam und harmonisch in uns hineinschwingen lassen und uns angewöhnen, nach jedem Satz eine kurze Pause zu machen. Dadurch werden wir stiller und finden tiefer zu unserem geistigen Bewusstsein, dem Innengott.

Beten wir ruhig, und lassen wir unsere Gebetsempfindungen und Gedanken in uns hineinschwingen, legen wir sie gleichsam auf den Altar Gottes, dann bedarf es keiner gezielten Atemtechnik. Durch die kurze Pause nach jedem gedachten oder gesprochenen Satz, durch ein völlig gelöstes und ruhiges Atmen und bewusstes Öffnen für den Geist erfahren wir inneren Frieden. Wir erleben dadurch eine tiefe Meditation einmaliger Art, weil der göttliche Quell in uns antwortet, sobald wir Ihn, aus tiefstem Herzen und von selbstloser Liebe erfüllt, ansprechen.

Wir sollten nie vergessen, dass wir der Tempel Gottes sind und dass der Geist unseres Vaters in uns wohnt. Reinigen wir diesen Tempel, indem unsere Gedanken edel sind, indem unser Reden und Tun gleich unseren Gedanken ist, dann finden wir zu dem Geist, der den Tempel nicht nur bewohnt, sondern ihn auch bestrahlt, zu dem Geist unseres Vaters.

Wer liebend zur Liebe hinfindet, der wird mannigfach Liebe empfangen. Gott, die ewige Liebe, nimmt nicht. Gott ist allezeit der Gebende. Er, unser Vater, gibt überreichlich, da Er die Fülle selbst und auch die Fülle in uns ist.

Das Herzensgebet

Das Herzensgebet ist eine Zwischenstufe. Herzensgebete entströmen den Seelenhüllen, die die Sehnsüchte und Wünsche des Menschen aufzeigen. Das Herzensgebet ist daher das Beten aus den Seelenhüllen, angeregt von den Seelenpartikeln, die Menschliches bergen, die noch Belastungen des Menschen aufweisen. Von dort entströmen die noch bestehenden Sehnsüchte und Wünsche, die in jenen tieferen Schichten der Seele ruhen.

Das Herzensgebet ist somit noch ein Wunschgebet, das jedoch schon tiefer ist und nicht nur vom Verstand geprägt. Der Herzbeter befindet sich noch vor der Pforte zur ewigen Seligkeit. Herzensgebete sind gleich dem Pochen an die Pforte zum inneren Reich des Friedens und der Liebe. Die kleinen Schritte, die Stetigkeit im Bemühen, die immer wieder erneute Hinwendung zur ewigen Kraft bringen auch hier den geistigen Erfolg. Wer sich beständig übt im rechten Beten und rechten Leben, dem wird einst die Pforte aufgetan werden, und er wird tiefer eindringen zu dem Wesenskern unserer Seele, zu dem ewigen Bewusstsein Gottes.

In Liebe und Anbetung sollten wir Bewusstseinsstützen und Gebete, ja unser ganzes Leben Christus darbringen, der unser innerer Altar, unser Licht, unser Leben ist. Er ist es, der uns zum Vater führt. Das Hineinwandern zu unserem Inneren Leben, zu dem Ursprung unseres Seins, ist somit jedem möglich.

Durch Hingabe und rechtes Beten nehmen wir für geraume Zeit im Inneren Abstand von der Welt. Haben wir durch Verinnerlichung und rechtes Beten den nötigen und bewussten Abstand zur Welt gewonnen, dann können wir uns der Welt auf eine neue Art wieder zuwenden.

Das erreichen wir jedoch nur durch Übung, durch Disziplin und Konzentration, durch Liebe zu Gott und zu unserem Nächsten, dadurch, dass wir uns bewusst nach innen wenden zum heiligen Bewusstsein Gottes. Dabei bereiten wir Mensch und Seele auf, denn rechtes, tiefes und selbstloses Beten und ein erfülltes, gesetzmäßiges Leben führen zur Einheit mit allem Sein.

So ist der Wanderer zum Reiche des Lebens, zur inneren Heimat, dem Pilger gleich, der Station für Station seinem Innengott, seiner inneren Heimat, näherkommt und dabei Harmonie und Frieden erlangt. Je mehr wir uns dem Ursprung der Quelle nähern, denken und handeln wir von innen heraus, so, wie es den ewigen Gesetzen entspricht. Dadurch werden wir zum bewussten Wesen des Allmächtigen, zum Sohn und zur

Tochter Gottes, die um das Innere Leben wissen und die sodann nicht mehr von dieser Welt sind, obwohl sie noch mitten in der Welt stehen.

Jedem ist die Möglichkeit eines geistigen Lebens mitten in der Welt gegeben. Wer es erreicht, der ist von Grund auf verwandelt und gewinnt durch rechtes Beten und ein gesetzmäßiges Leben ein erfülltes Dasein. Wer sich unermüdlich im Herzensgebet geübt hat, der erlangt einen harmonischen Körperrhythmus, seine Bewegungen und Gesten, sein Reden und sein Handeln werden ausgewogener und ausgeglichener sein.

Das Ziel des Betens soll aber nicht das Gebet des Herzens bleiben, das beständige Pochen an die Pforte zum Reiche des Inneren. Im weiteren Verlauf soll unser Gebet zum Seelengebet werden, denn die Pforte zum Heil soll sich öffnen, damit wir uns dem Ursprung unseres Lebens nähern.

Hat sich das Herzensgebet weitgehend vervollständigt, dann öffnet sich langsam die Pforte zum Innengott, und aus der Seele strömen die ersten Impulse des Lebens, die sich sodann mit dem Gebet des Herzens vermischen.

Das bedeutet: Wer gelernt hat, sich zu versenken, indem er die Übungen des Stillwerdens, des Schweigens durchgeführt hat, der erlebt zum Teil schon Ströme aus der Seele, die sich mit seinem Herzdenken vermischen und zum Gebet formen.

Sind wir Herzdenker und Herzbeter geworden, dann entspringt daraus die lebendige Kraft unseres Inneren, die wie lebendiges Wasser aus uns hervorquillt, frei von Emotionen, ohne Zwang. Dann bringt das Beten Freude, dann bringt es die Sehnsucht, jeden Augenblick mit Gott verbunden zu sein, die Sehnsucht nach der Gottnähe.

Jede noch nicht voll gereinigte Seele und jeder mit seinem Ich belastete Mensch ist ein Individuum, das entsprechend seiner Mentalität und seinen Eigenschaften denkt und lebt. Deshalb sollte jeder Mensch mit seiner ihm eigenen, persönlichen Art beten, entsprechend seinem derzeitigen Bewusstseinsstand. Wir sollen also nicht etwas nachahmen, das noch nicht in uns begründet liegt, wir sollten gemäß unserem eigenen entwickelten Bewusstsein beten.

Rechtes Beten ist auch ein Erkenntnisweg; im eigenen Gebet erkennen wir uns selbst. Solange unser Gebet noch eigene Wünsche und Sehnsüchte birgt, so sind wir noch mehr oder weniger stark mit unserem Ich verwurzelt. Durch rechtes Beten können wir uns erkennen und frei werden, sofern wir das Erkannte der Allkraft übergeben und die Gesetze befolgen. Dann wird im Laufe der

Zeit unser Gebet selbstlos und eine wahre Melodie des Inneren, die aus unserem gefestigten Bewusstsein hervorquillt und uns immer wieder aufs neue einstimmt und zu Höherem anregt.

Wir sollten uns nicht an Gebetsformeln halten; damit wirken wir nur zerstörend auf unser eigenes Bewusstsein ein. Gemäß unseren Eigenschaften, unserem augenblicklichen Fühlen und Denken sollten wir beten. Auch Gebete, die üblicherweise zu bestimmten Anlässen gesprochen werden, erlegen uns nur Zwänge auf. Der wahrhaft Suchende, der Herzensbeter, der sich auch im Gebet selbst erkennt, wird nur zur inneren Quelle finden, wenn er frei betet, wenn er sein Bewusstsein beten lässt. Ein freies Gebet entspricht einem liebenden Herzen und einer Seele, die sich für Gott, unseren Herrn, öffnet.

Um es aus dem Herzen beten zu lassen, müssen wir also still werden und unsere

Gedanken vollkommen ausschalten. Damit sich unsere Gedanken von uns entfernen, lauschen wir vor dem Beten auf unsere Atmung und beobachten unseren Körperrhythmus, der immer harmonischer wird. Der Atem wird ruhiger, unsere Bewegungen werden harmonischer, weil uns die quälenden Gedanken verlassen. Wir gelangen in einen ruhigen Körperrhythmus, weil die Atmung tiefer geht.

Konnten wir unsere Gedanken loslassen, sind sie von uns gegangen, dann beobachten wir nicht mehr unseren Atem und auch nicht mehr unseren Körperrhythmus. Wir sind nun bereit, aus dem Herzen zu beten, Kräfte der Liebe strömen zu lassen.

Ist es uns noch nicht möglich, das Herzensgebet durchzuführen, dann beten wir in uns hinein, bis sich in unserem Inneren Kräfte regen, die sodann durch uns beten. Wir beten in uns hinein, was uns belastet und bedrückt. Wir legen unsere Anliegen auf den Altar Gottes.

Sind wir in uns gefestigt, dann wird es in uns beten. Ohne Anstrengung steigen sodann die selbstlosen Gebete empor. Es ist ein Kommenlassen der Inneren Kräfte, die sich zu Gebetsempfindungen und Gebetsgedanken formen. Es betet durch uns.

Dieses Herzensgebet, verbunden mit den Strömen der Seele, kennzeichnet den Zustand, in dem unser Beten deutlich eins mit unserem Denken, Fühlen und Wollen wird. Es ist also nicht mehr das Gebet aus dem Intellekt, sondern das Gebet aus den obersten Schichten unseres geistigen Bewusstseins. Dieser Übergang vom angestrengten Beten mit seinen Überlegungen und Formulierungen zum selbständigen Beten ist ein tiefes, untrügliches Erleben im Innersten unseres Wesens.

Wir müssen in die Tiefen unseres Seins finden, wo die erwachte Seele beständig in der Anbetung Gottes ist. Dann spricht das Gebet in uns, gleich, wo wir uns befinden, im stillen Kämmerlein oder in der lauten Welt. Es betet in und durch uns.

Dann haben wir die Gottnähe erreicht. Die Seele ist in Gott erwacht, und der Mensch ist auf Gott ausgerichtet. Das heißt: Seele und Mensch befinden sich in der Nähe des ewigen Bewusstseins Gott.

Wer sich durch äußerste Disziplin, Konzentration und Stilleübungen im Herzensgebet geübt hat, der verspürt die Liebe des allwaltenden Geistes. Durch die Kraft dieser Liebe findet er zu diesem immerwährenden Gebet, das zu jeder Stunde, gleich, an welchem Ort, aus seinem Inneren emporsteigt und Gott dankt, ehrt und preist.

Überall ist Gott, denn der Geist Gottes ist in uns und in allem, was uns umgibt. Nichts existiert ohne die ewige Kraft, Gott. Deshalb können wir beständig mit Gott sprechen, sei es bei der Hausarbeit, im Beruf, unterwegs, in Bus und Bahn, beim Spaziergang. Bei jeder Tätigkeit ist Gott, die Allkraft, wirksam, in und um uns.

Handeln wir edel und gut, sind unsere Empfindungen und Gedanken rein, dann ist dies ebenfalls ein Gebet; denn wir erfüllen das Gesetz der Liebe. Auch so betet es durch uns.

Vor dem Einschlafen oder gleich nach dem Erwachen wird es in und durch uns beten, weil unser Gedanke gleich dem Gedanken Gottes ist. So finden wir zum wahren Beten, denn jeder von uns soll zum Gebet werden.

Wer diese geistigen Übungen des Hineinbetens, auf dass sich die Pforte zum Leben öffnet, bewusst und aus Liebe zu Gott tut, der wird vom Gebet erfasst, so dass der ganze Mensch betet, einerlei, wo er sich befindet. Erst wenn wir zum Gebet geworden sind, verwirklichen wir in rechter Weise die Gesetze, denn die Erfüllung der heiligen Gesetze ist gleich rechtem Beten. Es gibt genug regelmäßige Beter, die mit den Lippen beten, doch es gibt wenige Menschen, die in der Gottnähe leben und zum Gebet geworden sind.

Auf unserer Pilgerfahrt zu unserem Innengott, die über Stillwerden, Herzensgebet, über meditative Versenkung und über ein bewusstes, gesetzmäßiges Leben führt, werden wir fähig, ätherisch zu empfinden und zu fühlen. Das bedeutet, dass wir sensitiver werden, durchlässiger für die ewig heilige Kraft. Dann ist es uns möglich, die Substanz unseres wahren Lebens in uns zu empfinden, die heilige Kraft, die in allem wirksam ist.

Wir sind Wesen des Lichtes und müssen die Himmelsleiter, über die wir einst in das Tal der Tränen und der Bitternis hinabgestiegen sind, wieder emporsteigen, um uns wieder mit Gott, unserem Vater, zu vereinen. Dieses Emporsteigen auf der Leiter kosmischen Lebens ist gleich dem Hineinwandern zum ewigen Reich Gottes, das inwendig in uns ist.

Wir können nur die Stufen zum kosmischen Bewusstsein emporsteigen, wenn wir Gott über alles lieben. Die Liebe des Ewigen schenkt uns sodann die Kraft, gesetzmäßig zu leben, diszipliniert zu denken, zu handeln und konzentriert zu arbeiten, um so stille zu werden durch inneres Schweigen. Dann gelangen wir durch Herzensgebet und durch das Seelengebet hin zum Äthergebet, das uns ganz mit dem Ewigen vereint.

Durch das Hineinwandern zu dem Königreich des Inneren werden wir selbstlos.

Wer selbstlos geworden ist, der denkt nicht mehr an sich; er gibt. Ähnlich ist sodann auch unser Gebet. Wir beten nicht mehr für unsere Belange. Wir wissen, dass wir alles besitzen, dass sich die Fülle uns täglich darbietet. Wir beten für unseren Nächsten, für die Welt, auf dass sie erwachen und ebenfalls zur inneren Fülle finden, zu Gott, der für uns sorgt, der für uns da ist. Die uns eingeborene, kosmische, göttliche Liebe erwacht sodann mehr und mehr und schenkt uns Freiheit und den tiefen Frieden, den die Welt nicht kennt, obwohl viele Menschen danach suchen.

Sprechen wir vom Herzensgebet, so ist nicht das zentrale anatomische Organ, das physische Herz des Menschen, gemeint, sondern das Herz, das wir meinen, ist das lebendige Leben, die Erkenntnis, dass es Gott gibt, dem wir unsere Gedanken und Empfindungen opfern, so dass nicht nur unser Intellekt, unser menschliches Bewusstsein betet, auch nicht unser Unterbewusstsein, sondern die Ströme der erwachten Seele beten.

Wir wollen jedoch nicht beim Herzensgebet verbleiben; das wäre ein Stillstand in unserer geistigen Entwicklung. Wir wollen das höchste Ziel erreichen, das Äthergebet, die beständige Gottnähe, ja die Erfüllung dessen, was gesetzmäßig ist.

Das Herzensgebet ist gleich dem Anklopfen an die innere Pforte, die zum Thronraum Gottes führt, zu Seinem unmittelbaren Herzen. Das Herzensgebet ist nur eine Vorstufe zum Seelen- und Äthergebet. Wir wollen uns bemühen, jenes höchste Ziel zu erreichen, die Vereinigung mit dem Bewusstsein Gottes.

Wer in der hohen, beständigen Anbetung und im Lobpreis Gottes lebt, wer Ihm für alle Dinge und Geschicke dankt und Ihn lobt, der lebt in der Gottnähe. Für ihn sind alle Dinge des Lebens offenbar, denn er hat zur inneren Wahrheit gefunden.

Haben wir die inneren Schleusen zum Bewusstsein Gottes geöffnet, hat sich die Pforte zur tieferen Glückseligkeit aufgetan, dann werden wir zum Empfinden der Seele vordringen, die uns eine hohe Form des Betens übermittelt.

Sind wir durch das Hineinbeten und das Wiederkommenlassen des Herzensgebetes in tiefere Bereiche innerer Stille vorgedrungen, dann erleben wir das Beten der Seele und des Herzens, bei dem Seele und Herz verschmolzen sind. Wir könnten es auch so nennen: Ober- und Unterbewusstsein sind, erfüllt von geistiger Kraft, verbunden mit der Seele. Seele und Leib beten die Gottheit an.

Unser Ziel sollte es sein, dass unser ganzes Denken, Reden und Handeln vom geistigen Bewusstsein her geschieht, dass es durch uns denkt, spricht und handelt. Zu diesem hohen Ziel werden wir finden, wenn wir uns einstimmen durch immer tieferes Beten und durch ein entsprechendes Verhalten im Alltag.

Die weitere Form Inneren Betens ist die, dass wir alles, was wir denken und tun, auf unser erschlossenes Bewusstsein legen, auf das von uns erarbeitete Geistpotential, das durch ein geistiges Leben in uns Gestalt annahm. Dann wird es uns möglich, mehr und mehr im Reiche des Inneren zu leben und von dort aus auch bewusst für unser materielles Sein zu empfangen.

Dann leben wir nicht mehr im Äußeren, gepeinigt und gehetzt von Furcht und Meinungen, geprägt und abhängig von unserer Denk- und Handlungsweise und von unserem Intellekt, sondern wir leben bewusst aus

Gott, weil Gott bewusst durch uns wirkt, weil Er, der Allmächtige, unseren Leib, die Materie und unser ganzes Sinnen und Trachten lenkt und uns so führt. Es, das Leben, führt uns.

Erlangen wir in unserem Denken, Fühlen, Reden und Wollen die Gottnähe, dann werden wir Seinen heiligen Namen beständig und bewusst in uns tragen, dann werden unsere Gebete an Liebe, Reinheit, Selbstlosigkeit, Frieden und Gehorsam zunehmen; dann schwingen wir uns gleichsam zu weiteren Höhen empor, um noch erfüllter zu beten.

Das Seelengebet

Komplizierte Gebetsformen ermüden und lenken uns ab, weil sie aus den menschlichen Bereichen kommen, aus unserer Gedanken- und Sinneswelt, geprägt von unseren Wünschen und Sehnsüchten. Was jahrelang anerzogen ist, kommt von außen. Dies gilt auch für das Gebet. Was in der Tiefe unserer Seele liegt, ist uns geistig angeboren und kommt aus den reinen Bereichen der Seele. Diese innersten Ströme machen Mensch und Seele frei.

Der Weg zum Inneren Leben verlangt ein ständiges kritisches Beobachten unseres Empfindens, Denkens und Verhaltens. Negative Empfindungen und Gedanken müssen wir meiden. Sie umwölken unser Bewusstsein und binden uns an äußere Gebetsformen und an die Gebete, die unsere eigenen Sehnsüchte und Wünsche tragen. Dann betet es nicht in uns, sondern der Intellekt betet. Was der Intellekt hervorbringt, bewirkt nicht die Gottnähe.

Damit es durch uns betet, denkt, redet und handelt, müssen wir unsere Gedanken beobachten, unseren Willen schulen und unsere gesamte Lebensführung unter das Heil des Siegels göttlicher Liebe stellen.

Das selbständige Beten der Seele strömt erst nach anhaltendem ernsthaften und bewussten Ringen um die innere Liebe und Freiheit.

Alles ist Gnade; alles kommt vom Geber des Lebens. So ist auch das Seelengebet ein Geschenk Gottes, das Er denen gewährt, die Ihn mehr lieben als diese Welt. Das Seelengebet ist das Gebet des Selbstlosen. Es kann nicht durch bestimmte Techniken errungen werden. Es wird dem zuteil, der mit allem Ernst zum Innengott strebt und sich immer gewissenhafter kontrolliert, um selbstlos zu werden.

Das Seelengebet ist ein Gebet der Seele und des Herzens und des Leibes. Haben wir eine tiefe Ruhe und Stille erlangt, können wir in Gedanken und Worten schweigen, wenn unser Nächster redet und sich seiner Fähigkeiten und Qualitäten brüstet, und können wir mitten im Alltag, im Getriebe dieser Welt, still bleiben, dann haben wir einen großen Fortschritt erzielt. Wir haben einige Schritte zur Selbstbemeisterung auf dem Pfad zur Geistigkeit getan.

Dann werden wir gleichsam von innen her erfüllt mit Kraft und Leben und weiter ausgerichtet werden auf das höchste Ziel. Durch die vermehrte Kraft gelingt es uns, auch die tieferliegenden Schatten menschlichen Ichs zu erkennen, um sie zu besiegen. Dann werden wir erfüllt werden durch die Nähe Gottes und werden aus der Seele beten, so wie es sich dort offenbart, in tieferen Bereichen der Stille.

Hat unsere Seele die tiefe Verbindung zu Gott, unserem Vater, in Jesus Christus aufgenommen und ist von Seiner Gegenwart erfüllt, dann wird der Mensch mehr und mehr in Gott, seinem Herrn, ruhen. Dann sind Bewusstseinsstützen nicht mehr notwendig, auch nicht das Beobachten des Atems und noch weniger bestimmte Gebetsformen. Durch die tiefe Stille empfängt der Mensch zunehmend Ströme aus dem Bewusstsein der Seele.

Sind Herz und Seele von der Allmacht Gottes erfüllt, dann lassen sie keinen sündhaften Gedanken oder gesetzwidrige Vorstellung mehr zu.

Lebt der Mensch im tiefen Gottgedanken, dann ist in seinem Leben eine Wandlung eingetreten. Er gewann Abstand von der

Welt, indem er durch Bewusstwerden und Überwinden die Bande löste, die ihn geistig mit der Welt verwoben und so gefangen hielten. Erstarkt und gefestigt in seinem Inneren, kann er sich nun der Welt auf eine andere Art und Weise wieder nähern. Durch einen solchen Lebenswandel, durch rechtes Beten und durch ein gesetzmäßiges Leben, haben wir den Weg gefunden, der uns oft nach langem Suchen die Möglichkeit eines geistigen Lebens inmitten der Welt zeigt.

Für den in Gott Ruhenden gibt es keine unterschiedlichen Menschen mehr, nur noch Kinder, Söhne und Töchter des ewigen Vaters, die auf dem Weg zur inneren Heimat sind. Wer in diesem hohen Empfinden der All-Einheit lebt, ist nicht nur mit Menschen und Wesen verbunden, sondern mit der Unendlichkeit. Er schaut in allen Dingen das Leben und betet es an. So ist er auch dem

Göttlichen in der Natur nahe. Er fühlt sich als Essenz in jedem Baum, in jedem Strauch, in jeder Blume. Er fühlt sich als Essenz in den Gestirnen, ja in allem Sein, und er verspürt, dass die Essenz allen Seins in ihm ist.

Diese Kommunikation der Kräfte, die gleich der rechten Kommunion ist, ist das tiefe Gebet, das Gebet der Seele, welches das Äthergebet einleitet.

Wer in diesem Bewusstsein lebt, sieht fortan in allen Dingen nur noch das Walten der ewigen Gesetze. Er strahlt Liebe aus und entzündet Liebe in seinen Mitmenschen. Er steht über den Wechselfällen des menschlichen Lebens und ist ohne Furcht. Nichts Niedrigschwingendes dringt mehr in ihn ein. Schritt für Schritt wird dieses hohe Ziel erreicht. Sein Leben und Wirken wird zum Segen aus Gott, und seine Gebete sind fruchtbringend.

Das Seelengebet fließt von selbst. Ohne Anstrengung entströmt es dem Inneren. Es ist ein selbstloses Gebet, ein Gebet der Ruhe, ein Gebet der Vereinigung mit den Kräften der Liebe, in der Seele und in allem Sein. Dieses Gebet bringt Halt und Stütze, denn es ist nicht von uns, dem Intellekt, gesprochen, sondern es entströmt unserem erschlossenen Geistbewusstsein, unserem derzeitigen, wiedererworbenen geistigen Kräftepotential.

Hat die Seele die bewussten Gebetsgedanken an Christus aufgenommen, und ist sie von Seiner Gegenwart erfüllt, dann kann sich auch die Pforte zum ewigen Leben weiter öffnen, so dass immer mehr Strahlen göttlicher Liebe in sie eindringen und den Leib des Menschen durchlichten.

Beim Herzens- und Seelengebet erfahren wir klar und deutlich die Aussage: „Ich stehe an der Pforte und klopfe an. Wenn einer Meine Stimme hört und sich die Pforte durch Gebet und Liebe öffnet, werde Ich bei ihm eintreten, und Ich werde mit ihm, und er wird mit Mir sein, und sein Mahl wird Mein Mahl sein."

Durch das Hineinbeten, im Bitten um Kraft, gelangen wir zum Herzensgebet, wodurch wir zum Inneren Beten finden, indem wir gleichsam *es* beten lassen. In dieser Folge: Hineinbeten, es beten lassen, gelangen wir zum Seelengebet. Wir gelangen so an die Pforte, die uns der Herr selbst öffnet.

Das Seelengebet ist nicht mehr das Herzensgebet, in dem der Mensch und Teilströme der Seele um ihre Anliegen bitten und immer wieder ihre Nöte darlegen. Das Seelengebet ist viel mehr. Es schließt die Ganzheit ein, da die Seele durch den Menschen Gott in Christus lobt und preist.

Das reine Seelengebet ohne Nebeneinflüsse menschlichen Wollens ist eine Anbetung und Verehrung des Allerhöchsten, der alle Dinge weiß und alles ist.

Das Seelengebet gründet tief: Es empfindet, denkt, spricht und handelt durch mich, es betet durch mich. Das Seelengebet ist das Beten aus dem erschlossenen Bewusstsein, aus dem geistigen Kräftepotential der Seele, das der Mensch verwirklicht hat durch ein Leben in und mit Gott. Im Seelengebet können die ersten Ströme der Mentalität des inneren Wesens, des Geistwesens, sein.

Letztendlich ist alles vom heiligen Bewusstsein Gott, dem Wesenskern des Lebens, erfüllt und getragen, so auch das Seelengebet. Gottes Geist strahlt in die Seele ein, und das leuchtende Wesen, die weitgehend gereinigte Seele, zeigt im Gebet ihre geistige Herkunft, ihre Mentalität. Je reiner die Seele ist, desto selbstloser und erhabener ist das Seelengebet.

Der Unterschied zwischen Herzens- und Seelengebet wird sehr deutlich. Wer zum echten Seelengebet gefunden hat, ist selbstlos. Er weiß, dass alle Dinge in ihm sind: Was er bittet, das hat er schon; was er sich wünscht, das besitzt er schon.

Durch diese Erkenntnisse und durch die Erfüllung dessen, was im Willen Gottes liegt, tritt der Mensch, das kleine, niedere Ich, zurück. Es treten die persönlichen Anliegen zurück, und die erwachte, lichte Seele preist und dankt Gott. Sie spricht mit Ihm in reinen und edlen Empfindungen, Gedanken und Worten.

Geht von uns Edles, Reines und Schönes aus, dann finden wir immer mehr zum tiefen, echten, selbstlosen Seelengebet. Die erwachte Seele dankt beständig Gott, dem

Geber, der zugleich die Gabe ist, da Er alle guten Dinge in sich vereint. Sind wir krank, so ist Er unser Heiler. Haben wir Hunger, so speist Er uns. Frieren wir, so wärmt Er uns. Werden wir angeklagt, so verteidigt Er uns. Werden wir beschimpft, so tröstet Er uns. Leiden wir Verfolgung, so ist Er unsere Rettung. Sind wir gefallen, hebt Er uns auf. Zweifeln wir, so schenkt Er uns Stärkung. Werden wir wankelmütig und schwach, gibt Er uns Mut.

Daraus erkennen wir, dass wir Glieder des geistigen Leibes Christi und zugleich Zellen an Seinem geistigen Körper sind. Ist uns Sein Name nahe, sind wir mit Ihm gedanklich beständig verbunden, sind also unsere Empfindungen und Gedanken rein, dann werden wir von Seiner heiligen Kraft durchdrungen. Wer Sein Walten in allem erkennt, kommuniziert mit den heiligen Kräften, die im Mineral, in der Pflanze, im

Tier und ganz besonders im Menschen wirksam sind.

Wer in Gott lebt, durch den lebt Gott und lässt alles offenbar werden, was die Seele dem verborgen hält, der nur nach Äußerem trachtet und im Äußeren lebt.

Hat der Mensch zu dieser Gebetskraft gefunden, dann ist er erfüllt von den Wesenheiten und Eigenschaften Gottes, dann wird er nach und nach zum Gebet. Wer zum Gebet geworden ist, ist selbstlos und nicht mehr von seinem Ich geprägt. Der in Gott, seinem Herrn, Ruhende gab sein Ich dem Ich Bin preis, dem großen Geist, der alle Dinge weiß.

In Gott sind die menschlichen Dinge unwesentlich und nichtig. Wesentlich ist das Gesetz, das die Fülle ist und in uns die Fülle hervorbringt. Wer in der Fülle Gottes lebt, ist furchtlos, denn er lebt in der Wahrheit. Gott ist die Wahrheit.

Der Gott Zustrebende wird im Laufe seines Werdens alles Unwesentliche lassen, das ihn vom göttlichen Heilsstrom entfernt, ihn ablenkt und in die Welt der Täuschungen hinabziehen möchte.

Wer seine ganze Seele für das tiefe Gebet, das Seelengebet, aufbereiten möchte, sollte in sein innerstes Wesen, zur Seele, immer und immer wieder erweckende Impulse senden, wie z.B.:

Vater,
Du bist mein innerstes Bewusstsein!
Heilig und mächtig ist Deine ewige Liebe.

Durch das Bewusstsein Deines Sohnes Jesus Christus erfahre ich Deine heiligen Wesenheiten und Eigenschaften in mir. Dein Es Werde strömt durch meine Seele, auf dass ich werde zu dem, was ich von Urbeginn bin.

Lass mich zum Gebet werden, lass mich ganz Dein Eigen sein.
Meine Seele, erhebe deine Stimme zum Lobpreis dessen, der dich schuf! Es preise, lobe und danke meine Seele dem Herrn, dem Mächtigen, der alles ist und in allem ist.

Sein Name ist geheiligt, Sein Name wird von mir geheiligt,
auf dass ich wieder göttlich sein darf durch Seinen Namen, Gott.

Im Innersten ruhend, abgekehrt von äußerlichen Erscheinungen, lauschen wir auf die Impulse der Seele. In Geduld und Bereitschaft, ohne etwas zu wollen, ganz bereit für Gott, erwarten wir das Gebet unserer Seele.

Die gedankliche Verbindung mit dem ewigen Geist in uns bringt uns der Allgegenwart näher. Rufen wir Seinen Namen mit

Inbrunst, dann wird uns Gott auch antworten. Er legt Sein Wort in die Seele, und der auf Gott ausgerichtete Mensch darf die Stimme Gottes vernehmen.

Hat die Seele den Gedanken an den Christus Gottes in sich aufgenommen, ist sie von Seiner Gegenwart erfüllt, dann wird jeder Gedanke der Gedanke Christi sein, da jeder Gedanke ein Heilsgedanke ist, edel und rein. Dann bedarf es nicht der beständigen Wiederholung des Namens Christi, da wir in Ihm leben und Er durch uns.

Eine Wiederholung des Namens Gottes und Christi ist nur angezeigt, wenn wir wieder nach außen gezogen werden durch Ereignisse des Diesseits. Wenn wir in Not, Bedrängnis oder in Furcht geraten, dann sollten wir den Namen „Gott-Vater“ oder „Christus“ voll Ruhe und Hoffnung aussprechen, auf die Allmacht vertrauend, dass wir erhalten, worum wir bitten. Diese Anrufung hat nur Erfolg, wenn wir selbstlos bitten, in der Bitte nicht etwas erzwingen wollen, sondern sie der Allmacht hinlegen, auf dass sie es ordne nach ihrem Willen.

Werden wir von der Welt, von den äußeren Formen, von Bildern und Eindrücken in Versuchung geführt, dann sollten wir beharrlich, aber ruhig den Namen Gottes und Christi anrufen und uns gedanklich von den äußeren Einflüssen abwenden. Die Melodie „Vater" oder „Christus" lassen wir in unser Herz und in unsere Seele einschwingen, bis alle Gedanken des Zweifels, der Furcht und Angst, bis jedwede gegensätzlichen Gefühle aus unserem Inneren hinausströmen und wir wieder das Einströmen der Allkraft verspüren, neu und gestärkt Sein Licht und Seine Stimme empfangen dürfen.

Mit dem Ewigen vereint zu sein, das ist segensreich! Sind unsere Gedanken in der

Nähe Gottes, dann verspüren wir jeden Augenblick die rettende Hand des Allmächtigen. Lassen wir Seinen Namen nicht nur auf den Lippen, sondern lassen wir ihn unser ganzes Sein durchströmen, dann wird die Macht und Kraft der Gottheit durch uns sichtbar, denn unser Leben ist geprägt vom geistigen Erfolg. Wir werden in der Welt das erfüllen, was zum Wohle für unseren Nächsten ist, für seine Seele. Diese innere, göttliche Macht der Liebe beherrscht sodann auch unseren gesamten physischen Leib, stärkt und kräftigt uns. Sie hält uns fern, was der Welt eigen ist, Krankheit, Not und Sorge. Die Erfüllung der heiligen Gesetze macht unsere Seele, unser Herz und unseren Leib rein und heiligt unser Wesen.

Ausgestattet mit diesen Kräften, werden wir immer wieder bewusster beten und letzten Endes zum Äthergebet finden, in dem wir von Gottes allgegenwärtiger Kraft absolut erfüllt sind. Durch diese Entwicklung im Beten und durch die Erfüllung des geistigen Lebens finden wir immer mehr zum ewigen Bewusstsein, dem Wesenskern Gottes in unserer Seele.

Wenn wir unseren Menschen, unser niederes Ich, loslassen und ein bewusstes inneres Leben führen, finden wir zu der Vereinigung mit Gott und werden bewusst in Gott sein, und Gott wird bewusst in uns sein, und wir werden zum Gesetz werden, zu dem Wesen, das Gott schuf, zum göttlichen Wesen.

Das Äthergebet

Das Äthergebet ist das Erkennen und zugleich die absolute Erfüllung der heiligen Gesetze Gottes.

Mit unserem täglichen Bemühen, Gott wohlgefällig zu werden, dringen wir immer tiefer in das Königreich unseres Inneren vor. Im beständigen Hineinwandern zu unserem Innengott, zu dem Reich des Inneren, von dem Jesus sprach: „Mein Reich ist nicht von dieser Welt“, gelangen wir in immer größere Bereiche erhabener Stille und tiefen Friedens.

Ist der Kampf mit uns selbst nicht mehr gegeben, dann ist unsere Seele ganz stille geworden, und wir ruhen in Gott, unserem Herrn. Dann können wir bewusst und mit absoluter Sicherheit sagen: „Nicht ich lebe, sondern Christus lebt und wirkt durch mich.“

In diesem beseelenden Zustand wahrer, tiefer Stille und göttlicher Freude erklimmen wir die letzte Steigung zur Absolutheit, zur vollkommenen Wahrheit. In diesem Zustand ständiger Verinnerlichung können wir im größten Trubel stehen, in der Welt voller Getöse, und bleiben trotzdem ruhig, in unser Inneres eingekehrt, da unsere Seele stille geworden ist. Sie ruht in Gott, ihrem Herrn, der sie geschaffen hat. Nicht mehr wir leben, sondern es lebt durch uns.

Wer diesen Zustand der Einheit mit Gott erlebt, ist von innen her geeint mit dem absoluten Bewusstsein, Gott. Er wird ohne Zwischenschaltung der Seelenhüllen und des Ober- und Unterbewussten von Gott, der Allkraft, geführt.

Dann denken und handeln nicht wir, sondern es empfindet, denkt, redet und handelt durch uns. So werden wir zum wahren Gebet; wir werden zum Gebet selbst, das ewig währt, denn uns schuf das ewig heilige Gesetz der Liebe. Aus Ihm sind wir, und zu Ihm müssen wir wieder zurückfinden und absolutes Gesetz werden.

Die Ruhe und innere Festigkeit, ja die Stille unserer Seele erlangen wir nur durch das gezielte Hineinwandern zu unserem ewigen Bewusstsein, das gleichsam auf uns wartet, das uns ruft und zu dem wir wieder werden sollen. Durch dieses Hineinwandern zu unserem heiligen Bewusstsein, zu Gott, unserem ewigen Vater, durch das Herzens- und Seelengebet und durch die Erfüllung des Inneren Lebens, erfahren wir die Gegenwart des Vaters und des Sohnes in uns und in jedem Menschen.

Wer in Christus lebt, der befindet sich in der wahren Kirche, denn der Mensch ist der Tempel des heiligen Geistes. Wer also in den Tempel eintritt, indem er diesen reinigt und heiligt, der ist selbst die Kirche Christi.

Durch dieses Leben aus dem Inneren erfahren wir mehr und mehr die große Einheit in Gott. Wir erfahren, dass alles Leben aus Seinem heiligen Bewusstsein kommt, dass Er in allem das Leben ist. Wer diese Tiefe erfährt, die Stille seiner Seele, der weiß, dass er in Liebe mit denen verbunden ist, die schon im Jenseits leben und der weiteren Befreiung und Entwicklung entgegengehen. So leben wir mehr und mehr in die Einheit Gottes hinein und werden zuletzt zur Einheit.

Während dieses steten Erblühens in Gottes heiligem Gesetz erfahren und erleben wir täglich mehr die Gegenwart allen Lebens und erkennen daraus, dass alles in uns ist und wir in allem sind. Wer diese Erfahrung macht und die Erfüllung aus dem Strom des Lebens erlangt, der hat heimgefunden.

Durch dieses Wissen, die Erfüllung und das Erwachen im ewigen Gesetz der Einheit, der göttlichen Liebe, erfahren und erleben wir immer tieferen Frieden und beseelende Harmonie, denn wir kommen dem Ursprung der Quelle näher, dem Absoluten.

In dem göttlichen Frieden und in der göttlichen Harmonie, die zugleich die Stille unseres inneren Seins ist, fallen die Hüllen des Menschlichen immer mehr und mehr von uns. Furcht, Eitelkeit und blinde Ichbezogenheit sind fern von uns, denn wir sind zum wahren und tiefen Gebet geworden.

Dieses Werden bringt uns Selbstlosigkeit, da wir bewusst in Gott eingeboren sind, so wie Christus, der Erlösergeist, in uns eingeboren ist.

Mehr empfindend als denkend, nähern wir uns sodann unseren Mitmenschen, auf der Straße, im Büro, im Geschäft, in der Fabrik, im Fahrzeug.

Wir erkennen in allen Menschen den Christus, auch in denen, die uns unsympathisch und unangenehm sind. Sehen wir auch in unseren scheinbaren Feinden Christus, sehen wir in ihnen unseren Bruder und unsere Schwester, dann zeigen wir Größe und dürfen sagen: „Wir einen uns mit dem heiligen Urprinzip; wir nähern uns dem Ursprung der Quelle."

Die innere Stille sagt uns: Verehre deinen himmlischen Vater in Christus und diene Ihm in jedem deiner Mitmenschen, denn in allen Männern und Frauen, auch in den Bösartigen und Verbrechern, wohnt der Geist deines Vaters in Christus, die heilbringende und erlösende Flamme, eingepflanzt durch das Opfer auf Golgatha.

Werden wir uns bewusst, dass wir alle Brüder und Schwestern sind und uns einst in der ewigen Heimat wieder als reine Kinder des ewigen Vaters begegnen werden! Streben wir dies jetzt schon auf der Erde an, dann haben wir in den jenseitigen Bereichen nichts mehr zu vergeben, und uns muss nichts vergeben werden. Wir sind frei in Gott, froh in der ewigen Heimat, die unser ewiger Bestimmungsort ist.

Daher sollten wir uns bemühen, in unserem Nächsten, gleich, wie er zu uns steht, Christus anzusprechen, indem wir Christus im Nächsten stillschweigend anerkennen und anbeten. Dann tritt das Menschliche immer mehr zurück, und wir schauen mit den geistigen Augen unseren Bruder und unsere Schwester in Christus.

Gehen wir mit dieser geistigen Einstellung durch die Welt und reden wir von unseren Mitmenschen nur Gutes und Edles, sehen wir in allem das heilige Walten Gottes, das Walten Seiner himmlischen Gesetze, und sind wir bestrebt, diese an uns selbst, an unserem Nächsten und auch an den Naturreichen zu erfüllen, dann wandeln wir im Gesetz des Allmächtigen und erfüllen so das

Äthergebet: „Ich bin in Gott, und Gott ist bewusst in mir, wirkend durch mich."

Je mehr wir bereit sind, in allem das Walten Gottes zu erkennen, Ihm zu danken, Ihn zu loben und zu preisen, Seinen Namen im Herzen und auf den Lippen zu tragen, desto leuchtender wird unsere Seele und desto heller unser Gemüt. Dann erfüllen wir, was der Allmächtige von uns, Seinen Kindern, wünscht, dass wir uns in Liebe die Erde untertan machen. Das ist tiefes Beten, das ist das Äthergebet.

Wer im Äthergebet lebt, der lebt fortan von innen heraus. Seine innere Heimat hat sich ihm schon weit aufgetan. Sein Empfinden, Denken, Reden, Fühlen und Handeln geschieht fortan über sein erweitertes und gefestigtes seelisch-geistiges Bewusstsein.

Was er denkt und redet, ist nicht mehr sein Intellekt, sein Verstand, sondern sein innerstes Bewusstsein: das Gesetz der Seele. Das aktive Bewusstsein unserer Seele wirkt sodann auf unser physisches Bewusstsein ein und übermittelt uns das Innere Leben. Das bewusste Kind Gottes, lebend im „Ich bin der Sohn oder die Tochter des Allerhöchsten“, erfüllt sodann getreu die Impulse seiner Seele.

Wer so im Bewusstsein des Göttlichen lebt, wird nur Gutes und Wesentliches denken und reden. Seine Sprache ist nicht mehr vom Verstand gesteuert. Er spricht zwar mit den Worten dieser Welt, dennoch eine andere Sprache, eine durchgeistigte, veredelte Sprache, die gleichsam seinem Inneren entströmt, die Sprache des göttlichen Bewusstseins.

Wer die vom Irrtum geschmiedeten Fesseln abstreifen möchte, sollte diesen Weg des Gebetes und der Erfüllung der heiligen Gesetze wandeln. Nur so findet der Gottsucher zur absoluten Wahrheit, und seine Seele, die zum Geistleib geworden ist, wird nach dem Zeitlichen Gott, ihren Vater, von Angesicht zu Angesicht schauen. Wer den inbrünstigen Glauben an die innere Macht und Kraft des ewig Heiligen besitzt und Ihn bewusst Tag und Nacht in seinem Herzen trägt, der bedarf keiner weiteren geistigen Übungen mehr.

Dem im Äthergebet Lebenden ist es möglich, die verschiedenen geistigen Wege aufzuzeigen und Suchende auf den rechten Pfad zu führen.

Der wahre Christ, der aus seinem erschlossenen inneren Bewusstsein lebt, erkennt, dass letztlich alle Wege in Christus münden und durch Christus zum Vater führen. Wenn Christus in uns auferstanden ist, werden wir zu allen Menschen gut sein.

Das absolute Äthergebet, das tiefe, echte Gebet ist es, wenn man nicht mehr weiß, dass man betet, weil man kontinuierlich die heiligen Gesetze erfüllt. Dann leben wir beständig im Geist der Wahrheit; wir empfinden, denken und reden aus der inneren Wahrheit. Unser Handeln entspringt der Wahrheit.

Dann wird es keine hohlen und schalen Äußerungen mehr geben, keine leeren Formen, keine Lügen, keine Sentimentalität. Dann sind unsere Empfindungen und Impulse echt. So wie jede Träne echt ist, die man vergießt, wenn die Süßigkeit und die Herrlichkeit Gottes uns völlig durchdringt. Dann werden die Tränen zu Perlen, die für uns zur absoluten Allmacht wegweisend sind. Sie bringen uns Stärkung und höhere Geistigkeit.

Ohne inneren Kampf finden wir jedoch nicht zu unserem inneren Leben, zu der tiefen Stille Gottes. Uns ist geboten, mit unseren Schwächen und Fehlern zu ringen. Durch die innere Kraft, durch die Kraft Christi, werden wir uns jedoch besiegen und dadurch zu einem seligen Menschen werden, der alle selig machen möchte, nicht mit vielen Worten, nicht durch Fanatismus, sondern durch ein bewusstes Leben und durch Aufklärung über die wahre, Innere Religion.

Haben wir beständig den Gottgedanken in der Seele, im Herzen und auf den Lippen, dann sind wir zum Gebet geworden und stehen vor der absoluten Vereinigung mit dem ewigen Sein, mit Gott, unserem Vater. Dann wird die Seele, unser gereinigter Leib, durch uns rufen: „Vater, in Deine Hände lege ich meinen Geist. Es ist vollbracht durch Christus."

Das Heilgebet

Bete dich selbst gesund! Die beste Hilfe für deine Gesundheit, die die Lebenskraft ist, sind positive, edle Empfindungen und Gedanken. Je edler und reiner deine Gesinnung ist, desto mehr Heil- und Lebenskräfte erweckst du.

Christus, der Lebensfunke in dir, ist die Heil- und Lebenskraft deiner Seele und auch deines Leibes. Schließest du mit der erlösenden Kraft Christi die innere Pforte zum Königreich Gottes auf, indem du das Heil, ja die heilwerdenden Kräfte, bejahst und die heiligen Gesetze erfüllst, dann wirst du auch empfangen. Bete dich selbst gesund!

Lass jede Empfindung, jeden Gedanken und auch jedes Wort zum Gebet werden! Dann öffnet sich die Pforte zum Leben, und du wirst erfüllt sein mit Kraft, Weisheit, Liebe und Gesundheit.

Es steht geschrieben: „Bitte, und es wird dir gegeben.“ Die Bitte sollte jedoch nicht allein Ausdruck äußerer Bejahung sein, ein Rufen oder ein Lippengebet. Die Bitte sollte aus der Erfüllung der heiligen Gesetze kommen, aus der Bejahung der inneren Kraft durch edles Empfinden, Denken und Wollen.

Aus dem Ursprung der Quelle strömt ohne Unterlass die ewige Lebensenergie. Nehmen wir sie bereitwillig an, indem wir die Gesetze erfüllen, empfangen wir diese heil- und lebensspendende Kraft über den Wesenskern unserer Seele. Um das Vielfache können wir das Einströmen dieser Heil- und Lebenskraft verstärken, wenn wir diese Kräfte des Lebens bejahen und sie im täglichen Leben erfüllen, da sie die Gesetze des Lebens sind. Klopfen wir an die Pforte zum ewigen Leben, indem wir unser Herz zu Gott erheben, dann wird sich die Pforte öffnen, und uns wird gegeben.

Das Innere Beten zum Inneren Arzt und Heiler setzt einen starken Glauben und ein tiefes Vertrauen voraus zu Dem, der alles vermag, der alles ist. Heilwerden heißt: Gesundwerden durch die Kraft des Inneren Arztes und Heilers.

Der Geist Gottes kennt keine Krankheit, und unserem Ursprung nach sind wir reine Wesen, die in sich all die Kräfte des Heils bergen. Als Wesen des Lichts sind wir nicht krank. Wir sind krank durch unser falsches Denken, Fühlen und Wollen, durch die Gesetzesverstöße. Uns ist jedoch durch Christus gegeben, die inneren Kräfte anzusprechen, sie zu aktivieren und auch zu den betreffenden kranken oder unpässlichen Organen zu leiten, denn wir sind unserem Ursprung nach Kinder Gottes.

Da wir Kinder des ewigen Lebens sind, Söhne und Töchter Gottes, ist uns auch gegeben, die Heil- und Lebenskräfte jedem Organ, jedem Muskel, unserem gesamten Organismus zuzuführen durch rechtes Beten und durch die Ansprechung der Organe. Jeder von uns kann mit seinen Zellen und Organen reden, da sich in jeder Zelle die geistige Kraft befindet. Je intensiver wir diese innere Kraft bejahen durch einen starken Glauben und ein völliges Vertrauen, durch positive Gedanken, edle Empfindungen, durch die Erfüllung der heiligen Gesetze, desto mehr werden wir empfangen.

Durch bewusstes Inneres Beten, durch positive Empfindungen und Gedanken erfolgt ein Weckruf an unsere Zellen und Organe, an unseren gesamten Organismus. Bejahen wir ohne Unterlass die inneren Kräfte, die Heil- und Lebenskräfte, mit unserem erschlossenen Bewusstsein, das heißt in voller

Bejahung, dann vollzieht sich ein Wandel in uns. Dann wird der Innere Arzt und Heiler, der Geist Christi, verstärkt aktiv.

Die ewige Kraft, Christus, wartet nur darauf, bis wir gewillt sind, mit Ihm die innere Pforte zu öffnen durch die Kraft rechten Betens, rechten Willens, um uns so dem Einströmen ewigen göttlichen Potentials hinzugeben.

Wir sind Zellen am Leibe Christi. Unsere Körperzellen sind nur krank, weil wir sie durch falsches Denken, Fühlen und Wollen geschwächt haben und somit bestimmten Krankheiten Einlass gewährten. Senden wir unseren Zellen, Organen, den Geweben und Muskeln, den Hormonen und Drüsen positive, gesunde, lichtvolle Gedanken zu, so werden wir auch gemäß unserer Hinwendung von der ewigen Quelle des Lebens empfangen.

Die beste Hilfe für deine Gesundheit sind also positive, selbstlose Gedanken; sie sind das Baumaterial für einen gesunden Körper. Bejahen wir täglich die Gesundheit unseres Leibes, so findet keine Krankheit in uns Einlass, da in uns keine Entsprechung vorliegt, es sei denn, die Krankheit ist karmisch bedingt.

Erkranken wir, so ist uns immer dann Gesundung beschieden, wenn es gut für unsere Seele ist. Schließen wir mit Christus die innere Pforte zum Leben auf durch ein gottgewolltes, bejahendes Leben, dann empfangen wir, da der Innere Arzt und Heiler in uns wohnt. Er wartet auf unseren Ruf, auf unsere Hinwendung, auf die Verwirklichung und Erfüllung der Gesetze, denn dann öffnet sich die Pforte, und das Leben strömt als Strom hindurch, in unseren Körper, bringt uns Linderung und Heilung.

Die Liebe Gottes zu Seinem Kind ist unwandelbar. Nicht Er, die allmächtige Liebe, schickt uns die Leiden und Nöte. Sie beruhen einzig auf dem allwaltenden, allgültigen Gesetz von Ursache und Wirkung, auf dem Gesetz der Gerechtigkeit. In diesem oder in einem der früheren Leben schufen wir Ursachen, verschuldeten uns gegen das Gesetz. Was wir verschulden, müssen wir annehmen und tragen, damit der Weg zurück zum lichtvollen, ewigen Ursprung, in die ewige Heimat, wieder beschritten werden kann.

Eine Seelenschuld, die nach ehernen Gesetzen in unserem Leben ausfließt und uns Krankheit, Not, Sorgen oder Schicksalsschläge bringt, kann dennoch, je nach Intensität des Karmas, geheilt oder gelindert werden. Inwieweit sie getilgt werden kann, liegt einzig und allein an uns selbst, wie wir uns dem Inneren Arzt und Heiler, dem Christusgeist, hingeben, ob im vollen Vertrauen und im vollen Glauben an Ihn, den Allmächtigen, oder zweifelnd, ob Er es wohl vermag, uns zu helfen und zu heilen. Jeder Zweifel ist ein Rückschritt in unserem Leben. Er verschließt uns und verzementiert die Pforte, die zum Inneren Arzt und Heiler führt. Bejahende, bewusste, zielstrebige Gottgedanken führen zum Erfolg.

Der Zustand unseres Körpers ist der Ausdruck unserer Seele, unseres derzeitigen oder ehemaligen Empfindens, Denkens, Fühlens und Wollens. Was wir heute denken, das sind wir im Inneren, das ist unser Wesen, das haben wir in diesem oder in einem vergangenen Leben hineingedacht. So schufen wir die Entsprechung in uns, die Belastung unserer Seele.

Keine Krankheit kommt von selbst; sie wurde immer von uns verschuldet. Die sogenannten chronischen Krankheiten sind ebenfalls sichtbare Manifestationen unserer ehemaligen oder derzeitigen negativen Gedanken. Wollen wir eine Änderung herbeiführen, dann sollten wir uns auf den Inneren Arzt und Heiler besinnen und uns diesem anvertrauen, indem wir beharrlich und bewusst positiv denken und somit die inneren Kräfte mobilisieren.

Heilgebete sind meist Bittgebete. Sie sollten der Tiefe unseres Bewusstseins entströmen, dann sind sie heil- und kraftvoll. Wenn wir beten und bitten, dann sollten wir jedoch nicht betteln.

Das jammernde Bitten um diese oder jene Dinge, um Gesundheit und Kraft geschieht nicht im Bewusstsein wahrer, aufrechter Demut; es richtet sich nicht an den großen Geber, der Seinem Kind gern all das Gute zufließen lassen möchte, wessen dieses bedarf. Der allmächtige, allweise Gottesgeist weiß jedoch am besten, was uns derzeit dienlich und förderlich ist. So bitten wir nicht einen Gott, den unsere Bitte erst wohlgesonnen und gewogen zu stimmen hätte, sondern wir sollten unseren himmlischen Vater bitten, von dem wir wissen, dass Sein Geist in uns wohnt. Ihm sollten wir voll vertrauen, einerlei, ob Er nur unserer Seele gedenkt oder unserer Seele und unseres Leibes. Bejahen wir dankbar und froh Seine ewige Kraft, dann wird sie uns auch erfüllen.

Der Geist der Liebe ist die Kraft unseres Lebens; sie ist die Heilkraft für Seele und Leib. Sie allein lässt uns glücklich, heil und vollkommen werden.

Das Heilgebet sollte nicht auf das Bittgebet beschränkt bleiben, sondern es sollte zur beständigen Bejahung der göttlichen Energien in uns werden.

Wir sollten keinem Gedanken der Verzagtheit, der Schwäche, des Leides und des mangelnden Glaubens Einlass gewähren. Sie schwächen nur unsere Seele und unseren Leib. Unser Ober- und Unterbewusstsein, die Oberflächen des inneren Meeres, müssen ruhig werden, damit uns die innere Sonne zu heilen vermag.

Gewöhnen wir uns an, an die Stelle von Gedanken der Trübsal, der Furcht, der Verzweiflung, der Hoffnungslosigkeit, der Verzagtheit, des Selbstmitleids nun positive, bejahende Gedanken zu setzen, dann werden wir auch eine positive Ernte empfangen. Denn die Sonnenhaftigkeit unseres Lebens lässt die innere Sonne verstärkt in unseren Körper zu unseren Zellen, Organen und Muskeln strahlen.

Solange wir uns als Menschen sehen und wie Menschen denken, haben wir nur die Kräfte von Menschen. Erkennen wir uns jedoch als Kinder des Allmächtigen, als göttliche Wesen, denken wir positiv und edel, richten wir unser Sinnen und Trachten auf Gott aus, so erlangen wir die Kräfte unseres urewigen Seins. Wir dürfen auf Gott, unseren Vater, bauen, denn wir sind Söhne und Töchter Gottes.

Das Heilgebet ist das völlige Bejahen der Gesundheit, das unser gottgegebenes Recht ist, da das göttliche Wesen, das wir in unserem Innersten sind, gesund ist. Auch wenn uns Schmerzen quälen, wenn unsere Seele umwölkt ist, sollten wir trotz allem Kräfte der Gesundheit, bejahende, positive, aufbauende Gedanken in uns hineindenken. Das ist die beste Medizin; das sind wissenschaftlich noch unerforschte Kräfte, die in unserem Inneren wirksam werden.

Ein Heilgebet kann wie folgt lauten:
In mir ist der Geist Christi, die absolute, ewige Kraft.

In mir strömen die Quellen des Lebens.
Ich bin gesund.
Ich bin ein Kind dieser ewigen Kraft. Gottes Leben ist in mir, und mein Leben ist in Gott. Gottes Fülle ist wirksam in mir. Gott ist die Fülle und Kraft. Gott ist meine Gesundheit. Seine heilige und heilende Kraft durchflutet meine Seele und meinen Körper und gestaltet alles neu.
Meine Zellen, Organe, Hormone und Drüsen, die Muskeln und das Gewebe werden von der geistigen Kraft durchdrungen, von den heiligen Lebenskräften durchflutet.

Ich bejahe diese ewige Kraft in mir und öffne mich täglich mehr für das Leben in mir, durch bejahende, aufbauende Empfindungen und Gedanken.
Von Schwäche und Krankheit werde ich nicht berührt, da mein ewiges Wesen gesund ist. Ich bin gesund, ich bin lebensfroh und stark.

Vermehrt fühle ich das Einströmen der göttlichen Fülle. In mir erfüllt sich der ewig sprudelnde Quell. Aus Ihm erlange ich vermehrte Kraft, Gesundheit und Fülle.
Sämtliche Gedanken der Sorge und Angst weichen von mir. Sie werden immer schwächer und lösen sich auf in der All-Harmonie meines Vaters.
Aus meinem Inneren steigt die göttliche Stille empor. Ich werde von der inneren Stille und All-Harmonie durchdrungen.
Von dieser inneren Ruhe beseelt, wende ich mich verstärkt der inneren Heilkraft zu. Die Heil- und Lebenskraft durchströmt mich täglich mehr. Der Erlösergeist Christi wirkt in mir, mein Innerer Arzt und Heiler.
Meine Hände und Arme entspannen sich, die Muskulatur meiner Beine lockert sich, mein gesamter Körper, Hals, Nacken und Haupt, alle Muskeln entspannen sich. Mein Körper wird leichter und leichter. In mich

strömt die Fülle göttlichen Heils ein. Heilkräfte der Liebe aktivieren mich. Ruhig geht mein Atem, ich bin völlig entspannt. Innere Ruhe und Harmonie durchfluten mein Wesen.

Christus, Du mein Innerer Arzt und Heiler, Dein Wille vollziehe sich in mir.

Nach diesem Heilgebet bleiben wir noch in der Stille. Keine Empfindung und kein Gedanke durchströmt uns. Wir sind und bleiben für die Heilkräfte Christi geöffnet. Damit keine Gedanken in uns Einlass finden, können wir in absoluter Entspannung unsere Atmung beobachten, wie der Atem kommt und wieder geht. Mit jeder Einatmung strömt göttliche Kraft in unser Inneres, mit jedem Ausatmen entweichen die Schwere und die Bürde, unsere noch bestehenden menschlichen Schwächen und Nöte.

Es geschieht in uns nach Seinem Willen. Der Innere Arzt und Heiler vollbringt in uns das Werk Seiner Liebe und Barmherzigkeit.

Nach dem Heilgebet und dem Stillesein sollten wir uns nicht mehr von den alten Gepflogenheiten beherrschen lassen. Wir sollten uns bemühen, all die positiven Kräfte, die wir in unserem Inneren freigesetzt haben, durch weitere heilbringende Gebete und durch das positive Leben zu bejahen. Meiden wir jeglichen negativen Gedanken, jeden Gedanken an Krankheit und Not, so erleben wir vermehrte geistige Kraft, wir erleben die innere Heilkraft, die uns Linderung und Heilung schenkt.

Viele unserer Mitmenschen glauben, sie müssten einen Heilort aufsuchen, um von ihrem Leiden geheilt zu werden. Unsere unwissenden Mitbrüder und -schwestern reisen viele Kilometer zu solchen Heilorten; sie nehmen die Strapazen auf sich, um eventuell dort Linderung oder Heilung zu erlangen. Wer jedoch weiß, dass in ihm selbst der Ort innerer Kraft ist, von dem er empfangen kann, was für ihn gut und heilsam ist, der braucht nur hineinzupilgern zu der inneren Stätte heiliger Stille und ewigen Friedens, in sein Inneres, wo die Heil- und Lebensquelle fließt.

Ob wir an einem Heilort sind oder anderswo, die Kraft ist immer dieselbe. Sie ist nicht außerhalb unseres Seins, sondern in uns. Wo wir auch sind, wo wir gehen und stehen, die Heilquelle allen Lebens, die Kraft zur Gesundheit, ist in uns. In uns selbst ist der Gesundbrunnen, der Geist.

Geschehen an solchen Heilorten Spontanheilungen, dann nur deshalb, weil der Mensch mit der Gewissheit eines starken Glaubens dorthin pilgert, um an diesem Ort Heilung zu erlangen. Würde der Heilungsuchende, mit demselben Vertrauen und von diesem tiefen Glauben beseelt, zu dem inneren Gnadenort pilgern, zu der inneren Heilsquelle, dann könnte er ebenso aus seinem Inneren Linderung und Heilung empfangen.

Die Kraft des Lebens fließt ewig gleich, an jedem Ort und zu jeder Zeit. Gott, die Lebensquelle, ist an keinen Ort gebunden. Der göttliche Strom ist allgegenwärtig. Gott, der ewige Geist, verschenkt sich Seinen Kindern.

Wir müssen erkennen und anerkennen, dass die Kraft zum Heilwerden in uns selbst ist. Sie wird uns nur zuteil, wenn wir uns dafür öffnen. Was uns hindert, Linderung und Heilung zu erlangen, ist vor allem unser Unglaube. Jesus konnte in Nazareth, Seiner Heimatstadt, kaum eine Heilung bewirken, weil die Nazarener dem dort beheimateten Jesus keinen Glauben schenkten.

Alle Dinge sind dem möglich, der glaubt und die göttlichen Gesetze erfüllt. Die Ernte entspricht immer der Saat.

Ist die Aussaat von positiven und gläubigen Gedanken gering, so ist auch das Ergebnis der Linderung und Heilung gering. Ein weiteres Hindernis ist der Zweifel. Wer zweifelt, blickt nicht in sein Inneres, sondern nach rechts und links. Er hält in dieser Welt Ausschau, um heil zu werden.

Viele Menschen schwanken zwischen Glauben und Nicht-Glauben-Können, weil sie von Kindheit an nicht gelehrt wurden, dass sie der Tempel des heiligen Geistes sind und dass in ihnen selbst die Quelle allen Seins, die Heilquelle, fließt. Dadurch errichtet der Mensch Schranken gegenüber dem göttlichen Einströmen. Er sucht im Äußeren nach Linderung und Heilung und kann meist nicht finden, wessen die Seele bedarf.

Wie schnell verzagen wir, wenn unsere Gebetsanliegen nicht sofort Erhörung finden, wie wir es uns gerne wünschen oder wie wir es schon an uns erleben durften! Bedenken wir, wie lange wir gegen die heiligen Gesetze gesündigt haben und so eine Kluft zwischen der göttlichen Kraft und unserem Denken und Fühlen errichtet haben. Nicht sogleich wirkt der heilige Geist, denn es gilt, die Kluft von uns aus zu überwinden, auf dass die Heilströme fließen können.

Auch ist nicht jeder Tag wie der andere, auch sind wir nicht jeden Tag dieselben. In uns, in unserem Inneren, gehen allerlei Veränderungen vor, die uns teilweise verborgen sind und die ebenfalls eine Barriere bilden können gegen das Einströmen der Heilkraft in uns.

Wohl ist ein rechtes Beten, ein tiefes Gebet, wesentlich, um Erhörung zu finden. Wir sollten jedoch keine Leistung damit erzielen wollen, denn Beten ist kein Sport, sondern eine Hingabe.

Helfen wir mit, dass sich unser Inneres wieder ordnet, indem wir kontinuierlich den Gottgedanken im Herzen und auf den Lippen tragen, indem wir alles mit Gott tun und Seinen heiligen Namen preisen, Sein heiliges Gesetz, das in allem waltet! So mancher Knoten, der eventuell in langen Erdenjahren oder gar vielen Inkarnationen verfestigt ist, lässt sich nur behutsam mit göttlicher Geduld, Liebe und Barmherzigkeit wieder lösen.

Deshalb sollten wir nicht verzagen, sondern jeden Augenblick die Nähe Gottes suchen, indem wir die innere Empfindung verstärken, dass Gott uns nahe ist, im Herzen und in allem Sein.

Wer mehr auf irdische Hilfe baut als auf die göttliche, wird für den heiligen und heilenden Strom unempfindlich. Auch durch unser unruhiges Ober- und Unterbewusstsein setzen wir dem Heilwerden Schranken.

Um Linderung und Heilung erlangen zu können, fehlt es oftmals an der Liebe zu Gott und so auch an der Liebe zu unserem Nächsten. Wie oft ist es uns allein schon gedanklich unmöglich, zu vergeben. Wir können unsere Gedanken, unsere Gefühle, unser Misstrauen, die Verbitterung, den Neid, den Hass und die Herrschsucht nicht ablegen, weil wir aufgrund von Enttäuschungen all die Schwächen geschaffen haben und nun halten wollen.

Wir meinen, unser Nächster sollte auf uns zukommen, sollte mit uns sprechen, sollte sich entschuldigen. Doch wer Größe zeigt, geht auf seinen Nächsten zu und spricht mit ihm, auf dass sich vieles lösen kann. So schaffen wir den Heilkräften die Möglichkeit zum Einströmen.

Dadurch, dass wir nicht vergeben wollen, dadurch, dass wir unsere Individualität wahren und unser Gekränktsein aufrechterhalten, verschließen wir uns für die Aufnahme heilender Kräfte. Wollen wir vom Geist des Lebens die Heilkraft empfangen, dann müssen wir diese Barriere von Misstrauen, Verbitterung, Neid, Hass und Eifersucht, gar Gekränktsein loslassen. Dies alles müssen wir dem Ewigen zur Umwandlung übergeben, um für die ewige Kraft empfangsbereit zu werden.

Diese Fesseln, mit denen wir uns selbst gebunden haben und die uns nun gefangen halten, müssen wir erkennen und ablegen, indem wir sie dem Ewigen zur Umwandlung übergeben. Keine äußeren Mauern können uns so schmerzhaft begrenzen wie die unseres selbstverschuldet eingeschränkten Bewusstseins.

Wo wir die Schranken innerer Unfreiheit setzen, kann der geistige Strom nicht verstärkt einfließen. Sie müssen fallen, damit wir die ewige Kraft empfangen können.

Lernen wir, duldsam zu werden, unser Misstrauen, unseren Hass, unsere Herrschsucht abzulegen, so können wir vergeben und unsere Gedanken und Gefühle meistern. Es strömt in uns die Heilkraft des Inneren Arztes und Heilers ein und bewirkt, was Menschen nicht vermögen.

Die innere Kraft kann jede Krankheit heilen. Für Gott ist keine Krankheit unheilbar. Wer sich dem ewigen Gesetz, dem Inneren Arzt und Heiler, hingibt, der wird richtig geführt und kann empfangen, je nach seiner Ausrichtung, das heißt, je nach Verwirklichung der heiligen Gesetze.

Für Gott ist nichts unmöglich. Linderung und Heilung ist in jedem Fall möglich, wenn wir nur die unbegrenzte Heilkraft Gottes bejahen und gläubig in uns zur Wirkung kommen lassen. Vergessen wir nicht, bei allen Gebetsanliegen, bei allen Wünschen und Sehnsüchten, die wir nach innen zum heiligen Bewusstsein Gottes tragen, mit vollem Bewusstsein zu sprechen: „Aber Dein Wille, o Herr, geschehe!"

Wenn immer wir auch Hilfe brauchen, Gott ist da, denn Er ist allgegenwärtig. Werden wir uns der Tiefe dieser Aussage bewusst: Gott ist da!

Wo wir stehen und gehen, Gott ist da. Er wartet nur darauf, bis wir unser Inneres zu einer Empfangsstation Seines heiligen Lebens machen, denn Gott sendet unermüdlich Kräfte über Kräfte, Heil- und Lebensenergien.

Sind wir zu einer Empfangsstation dieser Lebenskräfte geworden, dann ist die göttliche Heilkraft, Seine Gnadenkraft, beständig wirksam in uns. Je ausgebauter diese innere Empfangsstation ist, desto mehr empfangen wir das göttliche Leben. Der Geist unserer Seele ist jeden Augenblick bereit, uns zu geben, ja, sich selbst zu verschenken. Unzählige Beispiele gibt es dafür, dass Gott Seine Liebe und Weisheit hat offenbar werden lassen. Viele Menschen wissen darum und haben Seine Hilfe, Seine Heilkraft, erfahren und empfangen.

Auch wir sollten zur bewussten Offenbarung Gottes werden, indem wir uns der Allkraft, Gott, hingeben, Sein heiliges Einströmen erbitten und die ewigen Gesetze erfüllen. Dann werden wir erfahren und erleben und mit der ewigen Quelle eins werden.

Das wünsche ich all meinen Mitmenschen von ganzem Herzen!

Lesen Sie auch ...

Ursache und Entstehung aller Krankheiten

Was der Mensch sät, wird er ernten

Das ausgewogene Kräfteverhältnis zwischen Tier-, Pflanzen- und Mineralreich, das ökologische Gleichgewicht, ist für den Menschen lebensnotwendig. Diese Christus-Offenbarung schenkt völlig neue Kenntnisse über die Entstehung der Erde und über die Grenzbereiche zwischen Geist und Materie; sie gibt einen Überblick, wie der Fall und die ersten Ursachen zustandekamen, wie der Mensch krankmachende Ursachen vermeiden kann u.v.a.m.

348 S., geb., Euro 18,00, Fr 31,90. ISBN 3-89201-213-9

Die Zehn Gebote GOTTES

Die Zehn Gebote Gottes in ihrer tiefen Bedeutung, praktisch ausgelegt - für ein Leben nach höheren ethischen Prinzipien auch in unserer Zeit.

88 S., kart., Euro 5,00, Fr 9,30. ISBN 3-89201-155-2

Auch als HÖRBUCH: 2 CDs, Euro 9,80, Fr 18,90

Mit GOTT lebt sich's leichter

Jeder Mensch wünscht sich Frieden, Gesundheit, Glück und innere Freiheit. In diesem Buch erklärt Gabriele, wie sich jeder Mensch Gott nähern kann - weil mit Ihm das Leben leichter wird.

162 S., kart., Euro 10,00, Fr 18,30. ISBN 3-89201-050-0

Für Dich zum Nachdenken

100 Lebensweisheiten von Gabriele, der Lehrprophetin Gottes in unserer Zeit. Sie regen dazu an, das Leben in größeren Zusammenhängen zu sehen, es mit tieferem Sinn zu erfüllen und höhere Werte aufzubauen. So findet der Leser zu sich selbst und in die Kommunikation mit Gott.

188 S., geb., Format 11 x 15 cm.
Euro 10,00, Fr 18,30, ISBN 978-3-89201-068-5

Aufschlagen und sich finden

Die Fundgrube meines Daseins

Wertvolle Lebensweisheiten von Gabriele für Ihren Alltag - schlicht zum Aufschlagen gedacht, damit Sie sich auf der Seite finden, die sich Ihnen heute zuneigt. Es gibt keine Zufälle! Lassen Sie sich überraschen.

154 S., geb., Format 11 x 15 cm.
Euro 10,00, Fr 18,30. ISBN 978-3-89201-124-8

Vaterworte auch an Dich

Wir alle haben einen ewigen Vater, bei dem wir uns geborgen fühlen dürfen, der uns liebt, der uns versteht, der uns beisteht - mehr, als ein irdischer Vater es je vermag. Und was spricht unser himmlischer Vater zu uns? Das Prophetische Wort macht es möglich, dass wir Seine Stimme vernehmen und Seine Nähe spüren dürfen.

120 S., geb., Format 11 x 15 cm.
Euro 10,00, Fr 18,30. ISBN 978-3-89201-070-8

GOTT möchte für Dich das Beste

Leitsätze für die 365 Tage Ihres Jahres. Schöpfen Sie Tag für Tag guten Rat, Zuersicht und Mut, um aus allen Begebenheiten das Beste zu machen, denn „in allem ist Gottes Hilfe".

416 S., geb., Format 11 x 15 cm.
Euro 12,00, Fr 21,90. ISBN 3-89201-111-8

Goldene Worte der Weisheit GOTTES aus der ewigen Quelle des Lebens

Aus dem Inhalt: Wahrer Friede * Sicherheit in Gott * Lebe gesund - höre, was dein Körper braucht * Kritische Fragen an uns Menschen * Verbindung oder Trennung? * Leben, um zu lernen - und du bleibst jugendlich * Harmonie, die Gotteskultur * Aphorismen ...

128 S., geb., Format 11 x 15 cm.
Euro 10,00, Fr 18,30. ISBN 3-89201-224-5

Geborgenheit

Jeder Mensch sehnt sich letztlich nach Geborgenheit - doch wo ist sie zu finden? Finden Sie den Weg, die Geborgenheit in sich selbst zu erschließen. Die Aussagen in diesem Büchlein, gegeben aus der göttlichen Liebe und Weisheit von Gabriele, mögen Ihnen dazu Hilfe und Anregung sein.

124 S., geb., Format 11 x 15 cm.
Euro 8,50, Fr 15,80. ISBN 3-89201-276-4

Zuversicht

Woher nehmen wir die Kraft, immer wieder aufs Neue die vielfältigen Aufgaben anzugehen, die das Leben uns stellt? - Auch die Zuversicht kann sich in uns entfalten! Dazu finden wir in diesem Büchlein viele hilfreiche Aussagen von Gabriele .

124 S., geb., Format 11 x 15 cm.
Euro 8,50, Fr 15,80. ISBN 3-89201-311-2

Du bist nicht verlassen

Gott ist Dir nahe in Wort und Tat

Dieser wunderschöne kleine Bildband enthält 10 Botschaften aus dem All: Worte unseres himmlischen Vaters und Christusworte. Sie lassen uns die Nähe Gottes erkennen sowie die Größe, die in jedem Menschen liegt. Sie zeigen den Weg, wie jeder die positive Kraft ansprechen und anwenden kann, damit sich sein Leben mehr und mehr zum Guten wendet. Ein wertvolles Geschenk für Sie selbst - auch zum Weitergeben an einen geliebten Menschen, einen Freund, wem auch immer Sie etwas Gutes tun wollen!

96 S., geb., Format 16 x 16,5, mit Farbfotos
Euro 9,80, Fr 18,00. ISBN 3-89201-145-3

Gerne übersenden wir Ihnen das Gesamtverzeichnis aller Bücher, CDs und Cassetten sowie ein Radioprogrammheft.

Gabriele-Verlag Das Wort GmbH
Max-Braun-Str. 2, 97828 Marktheidenfeld
Tel. 09391/504135, Fax 504133
Internet: www.gabriele-verlag.de